DES VICES

DE L'INSTITUTION

DU JURY

EN FRANCE.

DES VICES

DE L'INSTITUTION DU JURY

EN FRANCE.

Par Mr. GACH,

Président du Tribunal de Première Instance de l'arrondissement de Figeac, département du Lot, et de l'assemblée du canton; associé correspondant de la société des Sciences et des Arts de Montauban.

Non tam spectandum est quid Roma factum est quam quid fieri debeat.
Leg. 12, ff. de offic. præsid.

PRIX: 1 fr. 50 c.

A PARIS,

Chez PETIT, Libraire, Palais du Tribunat, Gallerie de pierre, près celle vîtrée, n°. 229.

AN XIII. — 1804.

PRÉFACE.

ON convient généralement que la procédure par jurés n'a pas obtenu, en France, le succès qu'on s'en étoit promis : et, comme si l'excellence de l'institution étoit universellement reconnue, comme si elle ne pouvoit faire la matière d'un doute raisonnable, on se borne à la recherche des moyens d'en perfectionner l'organisation.

Mais est-il bien certain que l'administration de la justice criminelle par jurés soit le *maximum* de la sagesse humaine ? Est-il démontré sur-tout qu'elle convienne à nos mœurs, au caractère national ?

Certes ! il ne faut pas s'étonner du préjugé qui en défend la théorie, même après que, dans la pratique, il a été impossible d'en méconnoître ij

les vices. Fille aînée de la révolution
française , conquête illustre de la
philosophie du dix - huitième siècle
sur la sagesse des siècles qui l'ont
précédé, elle a dû trouver de zélés
protecteurs dans un temps où le
raisonnement s'efforce de retenir le
sceptre de la raison , où la puissance
des faits est méconnue, où nos sensations, nos affections, nos passions , où
tout , jusqu'à la pensée , est soumis à
l'examen, aux lois de l'analyse, et où
l'on ne craint pas d'appliquer à la
législation et à la morale les principes
et la méthode des sciences exactes.

Il faut l'avouer, l'institution du jury,
considérée en elle-même , est une des
belles conceptions de l'esprit humain.
Mais l'expérience ne nous a-t-elle pas
appris à nous défier des plus brillantes
théories en matière d'institutions civiles
et politiques ?

La déclaration des Droits de

l'Homme fut aussi proclamée comme un chef-d'œuvre de génie ; on crût avoir trouvé le secret du bonheur des nations : ce fut la boëte de Pandore, on en vit sortir tout-à-coup, et à-la-fois, le mépris de l'autorité et des lois, l'oubli de la religion et de la morale, le despotisme de l'ignorance et de la force, l'anarchie en un mot, et toutes les calamités qui en sont inséparables.

Non, ce n'est pas par des abstractions métaphisiques qu'une grande nation peut être sagement gouvernée : l'homme *abstrait* est une chimère ; c'est pour l'homme *tel qu'il est*, c'est-à-dire avec ses penchans, ses passions, ses vertus et ses vices, que les lois doivent être faites ; et leur perfection consiste principalement dans leur rapport, et une sorte d'harmonie avec le génie, les mœurs, les habitudes des peuples, qu'elles sont destinées à régir.

Ceux qui jugent d'une loi, sans

iv

songer aux difficultés que son exécution
devra rencontrer dans le caractère
national, ressemblent au physicien qui
calculeroit le mouvement des corps
terrestres sans avoir égard aux frot-
temens, à la résistance des corps inter-
médiaires ; ils oublient qu'en matière
de législation, comme en matière d'é-
conomie politique, il n'y a de vérités
réelles que celles de *fait*, et que les
résultats sont la seule chose à considérer.

C'est sur ces principes certains, incontestables qu'est fondée l'opinion
que j'ai conçue de l'institution du jury
en France.

En formant le projet de la combattre, je n'ai pas été arrêté par cette
considération que plusieurs écrivains,
dont j'honore les talens et le caractère,
ont déjà pris hautement sa défense, et
qu'aucun n'a eu le courage de l'attaquer. J'ai la confiance, même la cer-

titude, qu'un grand nombre de bons esprits, de magistrats et de jurisconsultes recommandables partagent mon opinion, et j'ose être leur organe.

J'établirai, je m'efforcerai au moins d'établir que l'institution du jury n'est qu'un beau rêve de la philosophie, impossible à réaliser parmi nous ; que le sol français, d'ailleurs si fécond en hommes célèbres ou estimables dans tous les genres de talent et de mérite, ne produira jamais de bons jurés, et que l'obstacle est dans le caractère, les mœurs, les vices, et jusques dans les vertus de la nation.

Mes preuves reposeront sur l'expérience et quelques notions claires que j'opposerai à la vanité des théories, et à l'abus du raisonnement. Je dirai, en un mot, ce qui est, ce que j'ai vu, ce que chacun a vu, et si je ne persuade mes lecteurs, si je ne fais passer dans leur ame la conviction dont la vj

mienne est pénétrée , ce sera ma faute
sans doute , car on n'eût jamais une
plus belle cause à soutenir ; mais ce
sera aussi la leur , car les vices de l'institution du jury sont un *fait* que ses
enthousiastes partisans peuvent seuls
ignorer.

DES VICES

DE L'INSTITUTION DU JURY

EN FRANCE.

LA justice criminelle est le supplément nécessaire des lois naturelles et de la morale. Elle a, comme toutes les institutions humaines, ses difficultés et ses dangers. Combien de coupables échappent à sa vigilance ou trompent sa sévérité! Le dirai-je? Combien d'innocens ont péri, sur l'échafaud, victimes déplorables de ses arrêts! Faut-il l'en accuser? Non sans doute, car les juges sont des hommes; et quel est l'homme exempt d'erreur?

Lorsqu'un prévenu est traduit devant la justice, les preuves de sa culpabilité ou de son innocence, ne sont pas écrites sur son front, en tels caractères qu'il soit impossible de s'y méprendre.

Je veux qu'il soit coupable ; mais il a écarté d'avance les témoins et les indices, il a effacé jusqu'aux moindres traces de son délit, il s'en est isolé, en quelque sorte; il a rompu tous les fils qui l'y tenoient comme attaché.

Je le suppose innocent; mais le hasard a rassemblé sur sa tête toutes les apparences du crime, un concours inconcevable et pourtant réel, de circonstances accusatrices, son effroi au sombre aspect de la justice; l'incertitude, l'embarras de ses réponses, effet naturel du désordre de ses idées, tout appelle sur lui la sévérité des lois.

Magistrats, ou jurés, que feront ses juges?

Dans le premier cas, prononceront-ils sa condamnation ? Eh ! où seroient les motifs de leur jugement ? De quels élémens se seroit composée leur conviction ?

Dans le second cas, proclameront-ils son innocence ? Mais ils ont la preuve juridique de son crime, ils en ont la certitude morale; car la certitude morale, la seule qu'ils ont pu acquérir, se compose de probabilités, et toutes les probabilités sont contre lui.

Osons le dire : dans des circonstances aussi déplorables, le devoir, le triste devoir des juges, est d'absoudre le coupable et de condamner l'innocent ; oui de condamner l'innocent : ici la raison, la justice, la prudence, la sagesse humaines sont confondues, et l'on peut dire que ce sont moins les tribunaux qui frappent l'accusé que la providence qui se sert de leur glaive, comme de la foudre, pour l'accomplissement de ses impénétrables desseins.

On chercheroit vainement un mode de procédure exempt de ce danger.

Les Romains, le peuple le plus éclairé de la terre, en matière de législation, ne pronançoient jamais leurs jugemens que dans les termes du doute et de l'incertitude (1), tant ils étoient persuadés que les lumières des hommes sont toujours incertaines, et que nous ne saurions trop nous défier de nos jugemens.

La meilleure administration de la justice criminelle, est donc celle qui, en offrant à l'innocence la plus forte garantie morale contre l'erreur des juges, laisse au crime le moins de chances favorables, le moins de moyens d'échapper à la peine qu'il mérite.

L'institution du jury réunit-elle ce double avantage ? Est-elle préférable à l'instruction

––––––––

(1) *Videtur fecisse vel non jure videtur fecisse : non videtur fecisse , vel jure videtur fecisse.* Cic. Acad. Quest. 4, 47, *de finib.* 1, 7. Brisson. *de form. V ,* p. 480.

qui seroit faite publiquement devant des juges permanens, ou tournaires?

Je suis loin de le penser. Je soutiens au contraire qu'elle est inconciliable avec les mœurs françaises, et par conséquent essentiellement vicieuse. Cette proposition sera , je crois , démontrée, si je prouve, si l'on est forcé de reconnoître avec moi,

1°. Que le défaut de zèle, je dis plus, que la répugnance des Français pour cette institution, formeront toujours un obstacle invincible à l'exécution de ses lois réglementaires, de celles sur-tout qui auroient pour objet, la réunion et la formation du jury;

2°. Que les jurés n'auront jamais l'instruction et la fermeté nécessaires pour remplir l'intention, l'objet principal de l'institution.

PREMIÈRE PARTIE.

Le défaut de zèle et la répugnance des Français pour l'institution du jury formeront toujours un invincible obstacle à l'exécution de ses lois réglementaires, de celles sur-tout qui auroient pour objet la réunion et la formation du jury.

LE premier mérite d'une loi est sans doute dans la certitude qu'elle sera exécutée, comme son plus grand vice seroit dans l'impossibilité, ou même l'extrême difficulté d'en assurer l'exécution.

Que si l'obstacle est dans le caractère et les mœurs du peuple pour lequel elle est faite, le législateur est sans excuse, car le vice est alors dans la loi.

Or, telle est notre indifférence pour tout ce qui a rapport à l'administration publique ; tel est, parmi nous, l'empire de l'égoïsme et de l'intérêt particulier, la tiédeur, ou plutôt la nullité de l'esprit public, que la loi nouvelle, qui établira la procédure par juré, ne recevra pas son exécution dans ses dispositions les plus essentielles, celles relatives à la réunion des jurés.

Que ceux qui trouveroient cette assertion témérairement hasardée, ne portent pas, de leur côté, un jugement trop précipité!

J'ai pour moi la plus forte de toutes les autorités, celle des faits, de l'expérience de douze années.

Soit défaut de zèle, soit parce que c'est un inconvénient grave que celui de se déplacer au moment où l'on s'y attend le moins, et d'aller passer plusieurs jours éloigné de sa famille et de ses affaires, il est constant, j'en atteste les tribunaux criminels, que les jurés ne sont pas exacts à se rendre, que souvent plus de la moitié trompe le vœu de la loi.

Certains de l'impunité par la facilité qu'ils ont de justifier leur absence, et parce que les peines prononcées contr'eux, par la loi, ne sont, en général, que comminatoires, à peine ont-ils le soin d'adresser leurs excuses au tribunal qui, ne pouvant vérifier les faits, est obligé de les absoudre.

S'agit-il de les remplacer, la difficulté est plus grande encore.

Avertis par le retour périodique des sessions et la constante nécessité des remplacemens, les citoyens inscrits sur la liste supplémentaire, s'absentent à dessein, la veille, ou se cachent le jour, dans leurs maisons, et se dérobent ainsi, par le mensonge ou par la fuite, à l'appel et aux recherches de la justice.

J'atteste que j'ai vu plus d'une fois le tribunal criminel où j'ai exercé les fonctions de juge et d'accusateur public, consumer le premier jour de la session à remplacer successivement ces jurés lâches et fugitifs, pour qui la dépense de quelques heures, dans le lieu même de leur domicile, était un sa-crifice au-dessus de leurs forces.

Le nouveau projet remédie-t-il au mal ? Garantit-il, plus efficacement que la loi exis-tante, la présence des jurés ?

J'observe, d'abord, qu'au lieu de les aplanir, il triple les obstacles ; car, s'il a été difficile jusqu'ici de réunir quinze jurés, comment espérer d'en réunir quarante-huit, ou quarante ?

Examinons ensuite l'effet probable de ses moyens d'encouragement et de ses mesures coërcitives.

« Les citoyens , dit l'article 911 , qui
» auront rempli trois fois les fonctions de
» juré d'accusation , et qui se seront rendus
» à deux sessions du tribunal criminel, re-
» cevront une pièce d'argent , dont la forme

» et le poids seront déterminés par le gou-
» vernement ».

Les auteurs du projet ont plus compté, comme on voit, sur la forme que sur le fonds de l'indemnité.

Je suis loin de vouloir déprécier le témoignage public de satisfaction promis à l'exactitude des jurés; mais quelle valeur d'opinion pense-t-on qu'ils puissent attacher à une pièce d'argent qui, n'étant donnée qu'à la présence, ne sauroit flatter la vanité, ni stimuler l'amour-propre?

Et si, d'un autre côté, ils ne trouvent dans sa valeur réelle le juste dédommagement des frais qu'ils seront obligés de faire; je dis plus, si, en supposant même que la loi leur accorde, outre la pièce d'argent, une indemnité pécuniaire proprement dite, cette indemnité n'est pas en rapport avec la dépense et le préjudice qui résulteroient pour eux de leur déplacement; n'est-il pas à craindre qu'ils n'emploient tous les moyens possibles de se soustraire à des fonctions qu'ils regarderont, avec quelque raison, comme une charge, comme un surcroit d'impôt?

Ceux qui estimeroient cette dernière réflexion peu digne du sujet que je traite,

voudront bien considérer que c'est précisément parce qu'il s'agit des moyens d'exécution
d'une loi souverainement importante, que
rien de ce qui peut conduire à ce but, ou
en écarter, n'est indigne de fixer l'attention
du législateur ; que tous les genres d'obstacles
doivent être prévus ; que ceux-là, sur-tout,
qui prendroient leur source dans l'intérêt
personnel, ce mobile puissant des actions
humaines, doivent être calculés avec la plus
sévère exactitude.

Eh bien ! me dira-t-on, la loi a tout cal-
culé, tout prévu. La peine qu'elle prononce
contre les jurés qui ne se rendront pas au
jour indiqué, vaincra l'insouciance des plus
indifférens, la résistance des plus opiniâtres.
Qui voudra s'exposer à une amende de
3oo francs et à être interdit pendant dix
années de tout droit de cité, de toute fonction publique ?

Je réponds en premier lieu, qu'une institution est essentiellement vicieuse lorsque, pour
la faire adopter, le législateur est obligé de
recourir à des peines excessives et hors de
proportion avec le délit ; car il est évident
alors qu'elle est en opposition avec le génie,
le caractère et les mœurs du peuple pour
lequel elle est faite.

Ce n'est pas que je n'estime très-répréhen-
sible le refus ou la négligence du juré de
se rendre au poste que la loi lui assigne ;
mais qu'il y a loin d'un défaut de zèle, d'une
simple désobéissance à la loi, à un délit tel
qu'il ne puisse être expié que par une amende
de 3oo francs et dix ans d'une sorte de
mort civile ! (1)

Je réponds en second lieu, que l'extrême
rigueur de la loi empêchera qu'elle soit
exécutée.

Ici j'ai encore pour moi l'autorité des
faits.

La loi du 10 germinal an 5, ne condamne
les jurés non comparans qu'à 25 ou 5o fr.
d'amende, et à 10 ou 20 jours d'emprison-
nement ; les jurés négligent journellement
de se rendre : et cependant je ne craindrai
pas d'assurer qu'il n'a pas été rendu par

____

(1) La répugnance de nos ancêtres pour les fonctions publiques étoit encore plus grande, s'il faut en
juger par la sévérité de leurs lois. On lit dans l'histoire
que les Gaulois avoient infligé la peine de mort
contre ceux qui arriveroient tard aux assemblées ;
preuve évidente, dit à ce sujet *un écrivain moderne, que les Gaulois avoient un grand éloi-
gnement pour les assemblées publiques.* Il n'y a
que la loi qui ait changé.

le

le plus grand nombre des tribunaux de l'empire, un seul jugement de condamnation qui ait reçu son exécution.

On ne doit pas espérer que les préteurs ou propréteurs seront plus sévères. L'obstacle est dans l'opinion qui ne considérera jamais comme un délit grave, la négligence d'un citoyen de se rendre à une assemblée de jury; il est sur-tout dans la douceur des mœurs françaises, inconciliable avec la sévérité de la loi.

Je réponds enfin, que vainement les tribunaux l'appliqueroient dans toute sa rigueur, leurs jugemens ne seroient pas exécutés.

L'article qui condamne les jurés non comparans excepte ceux qui auront été dans l'impossibilité de se rendre, et s'en rapporte au jugement du préteur.

Le champ des excuses est bien vaste, la plus ordinaire est la maladie : or quel est l'officier de santé qui ne s'en rapportera pas à la déclaration d'un juré son voisin, son ami, son parent ? Combien qui, dans le cas d'une condamnation déjà prononcée, croiront pouvoir, sans manquer à la probité, à la délicatesse , délivrer un faux certificat de maladie ? Nos mœurs, (car c'est toujours d'après nos mœurs que je parle) lui en feront-elles un grand

2

crime? En sera-t-il moins estimé ; j'ai presque
dit moins estimable, si d'ailleurs il n'a pas
mis bassement un prix à sa complaisance?

La loi le condamne à une forte amende,
je le sais; mais comment le convaincre?
comment prouver qu'il en a imposé sur un
fait qui est de son ressort, et qui n'est pas
toujours du ressort des yeux ? Je dis plus,
qui dénoncera, qui attestera le faux à la
justice? A-t-on bien mesuré la distance de
nos mœurs, de notre esprit public, à un tel
acte de dévouement et de courage ? Attein-
drons-nous jamais à cette hauteur de senti-
mens patriotiques ? Ne peut-on pas assurer
au contraire, et chacun n'est-il pas convaincu
que, dans le cas dont je parle, le juré
comme l'officier de santé, l'officier de santé
comme le juré trouveroient, au besoin, devant les tribunaux, presque autant d'auxiliaires et de complices que de citoyens ?

Les auteurs du projet ne se sont pas dis-
simulé les difficultés et les obstacles qu'éprou-
veroit la réunion des jurés ; et c'est pour
cela qu'en ordonnant la convocation de
quinze jurés pour former le jury d'accusation, et de quarante-huit pour former celui
de jugement, ils se contentent de la présence
de dix et de quarante ; que, désespérant

même d'obtenir ce dernier résultat, ils ont recours aux remplacemens.

« S'il y a moins de dix jurés (d'accusation)
» au jour indiqué, dit l'article 914, le pro-
» préteur complettera ce nombre par des
» citoyens de la commune du lieu où le
» jury sera assemblé. Ces citoyens seront
» pris sur la liste des jurés d'accusation qui
» avoit été faite pour l'assemblée précédente.

« Lorsqu'il y aura moins de quarante jurés
» présens, non excusés, ou non dispensés,
» dit l'article 922, le nombre de quarante
» jurés sera completté par le maire de la
» municipalité où siége le tribunal criminel :
» ils seront pris parmi les citoyens inscrits sur
» la liste des jurés de jugement qui avoit été
» faite pour les précédens grands jours ».

Si je m'étois proposé de discuter la partie réglementaire de la loi, d'en signaler les imperfections ou les lacunes,

Je demanderois :

Qui formera la première liste des jurés d'accusation et de jugement, sur laquelle les remplaçans devront être pris aux termes des articles cités ?

Quel sera le mode de remplacement ? Sera-t-il effectué par le sort, en présence du pro-préteur et du maire du chef-lieu ? ou le maire et le propréteur désigneront-ils les remplaçans de leur propre autorité?

Les jurés de jugement devront-ils, ainsi que la loi le prescrit formellement à l'égard du jury d'accusation, être pris parmi les citoyens domiciliés dans la commune ou le jury sera assemblé?

Et alors,

Combien de jurés domiciliés dans le chef-lieu, devront être nécessairement compris dans la liste des quarante-huit, lors de la formation?

Dans la supposition que ce soit le quart, qu'arrivera-t-il si le jour et au moment de l'ouverture de la session, il manque un plus grand nombre de jurés nécessaires, qu'il n'y aura de domiciliés du chef-lieu dans la liste des précédens grands jours; ou si, étant en nombre suffisant sur la liste, ils sont actuellement absens de chez eux; ou enfin si les mêmes citoyens se trouvent portés sur les deux listes?

Je laisse aux partisans de l'institution, le soin de résoudre ces questions.

Elles paroîtront peut-être minutieuses aux esprits superficiels, qui n'approfondissent rien, et aux hommes à tête forte qui pensent avoir tout dit quand ils ont posé ce qu'ils appellent des principes féconds, d'où, suivant eux, découlent, comme d'une source abondante, tous les moyens d'exécution.

Je répondrai aux premiers, que la science de la législation est le fruit de la méditation et de l'expérience.

Je répondrai aux autres, que le secret de la perfection des lois, si je puis ainsi m'exprimer, consiste, beaucoup plus qu'ils ne pensent peut-être, dans la sage prévoyance de tout ce qui pourroit en faciliter ou entraver l'exécution, en manifester ou dérober le véritable esprit ; qu'en matière criminelle sur-tout rien ne doit être arbitraire, incertain ; que tout doit être prévu, ordonné.

Je reviens à mon sujet.

J'ai dit que la réunion de quinze jurés éprouve journellement de grandes difficultés, et j'en ai tiré la conséquence naturelle, qu'il sera bien moins aisé, à l'avenir, d'en réunir quarante-huit ou quarante.

J'ai dit que les tribunaux actuels ne parvenoient qu'à force de temps et de patience à remplacer les absens ; et j'en conclus que les remplacemens seront désormais bien plus difficiles encore par cette raison évidente, que le nombre des jurés non comparans, et par conséquent celui des remplacemens à faire sera incontestablement beaucoup plus considérable lorsqu'il faudra quarante jurés, qu'aujourd'hui qu'il n'en faut que quinze; que la liste des remplaçans sera beaucoup moins nombreuse; qu'ainsi les jurés domiciliés dans le chef-lieu qui, par cet ordre de choses, se trouveroient dans un état de service permanent, mettront infailliblement tout en usage pour s'y soustraire.

« Ils y seront contraints, dit l'article 922, » par main mise sur leurs personnes ».

A cela je réponds d'abord, que la *main mise* sur la personne des jurés, n'est et ne peut-être qu'un mot imposant, une menace vaine, une disposition comminatoire, qui prouve seulement combien les auteurs du projet avoient le sentiment de l'insuffisance des moyens ordinaires d'exécution.

Je réponds ensuite, que reconnoître la nécessité d'employer la force publique pour contraindre les citoyens à remplir les fonctions augustes de juré, c'est avouer implicitement, mais évidemment, que nos mœurs repoussent l'institution.

Quel spectacle, s'il pouvoit jamais avoir lieu, que celui de la gendarmerie traînant en même-temps et au même tribunal le juge et l'accusé ! Quelle terrible satyre de la procédure par jury! .... Non, cette mesure extrême ne sera point exécutée, et l'énergie apparente de la loi sera une preuve nouvelle de sa foiblesse réelle. Les jurés remplaçans *ne se rendront pas* et ils n'y seront pas *contraints par main mise sur leurs personnes.*

C'est ici sur-tout que la loi aura à lutter contre le génie national; il n'est point du tout dans les mœurs françaises qu'un citoyen estimable, et jouissant, par son état, sa fortune, son crédit, de quelque considération, soit arrêté comme un criminel, par les agens de la force publique, et traîné, avec éclat, au tribunal où il doit exercer lui-même les fonctions de juge, et cela pour une négligence dont il sera toujours d'autant plus sûrement absous dans l'opinion, que chacun sentira qu'en pareil cas, il s'en seroit peut-être rendu coupable.

La loi toute-puissante lorsqu'elle défend, n'a pas les mêmes moyens de se faire obéir lorsqu'elle commande, et sur-tout lorsqu'elle commande des sacrifices.

Disons-le sans ménagement, elle se trompera toujours, comme elle s'est trompée jusqu'ici, en comptant sur le zèle des citoyens, excité par la seule importance des fonctions qu'ils seront appelés à remplir. Courageux et magnanime sur le champ de bataille, capable alors des plus grands efforts, des plus généreux sacrifices, le Français est tout autre sur ses foyers et dans le cours de la vie civile : uniquement occupé de ses affaires ou de ses plaisirs, les considérations d'ordre et de bien public le touchent peu. S'il desire que la justice soit rendue, parce qu'il est lui-même foncièrement juste et bon, n'espérez pas qu'il contribue à la rendre aux dépens de ses intérêts, même de son repos.

Et qu'on ne dise pas que le propre des bonnes institutions est de former l'esprit public : ce n'est là qu'une erreur brillante ; les institutions peuvent polir, épurer les mœurs, mais ne changent pas le fond du caractère des peuples. Le Français sera toujours léger, frivole, irréfléchi, prompt dans ses décisions (1), et par conséquent peu propre à l'administration de la justice.

J'ai dit que le vice dominant et fondamental de l'institution étoit dans son opposition avec les mœurs françaises et le caractère national. Cette vérité se fera sentir plus vivement encore dans le cours de cet ouvrage ;

______

(1) *Ut sunt gallorum subita et repentina concilia.* **Cæsar.** Comment. *de bello Gallico.* Lib. 3.

on la verra ressortir de chaque point de la discussion à laquelle je vais me livrer.

Qu'il me suffise, dans ce moment, d'avoir établi que l'opposition qui existe entre l'institution et le caractère national, sera toujours comme elle l'a été jusqu'ici, un obstacle puissant à la réunion du jury et à l'exécution des dispositions réglementaires qui auroient pour objet sa formation.

SECONDE PARTIE.

Les jurés n'auront jamais l'instruction et la fermeté nécessaires pour remplir l'intention, l'objet principal de l'institution.

J E suppose la première difficulté vaincue ; les jurés se sont rendus, ou ont été remplacés ; les quarante sont là, prêts à subir la récusation ; ils l'ont subie ; les douze non récusés vont exercer leur redoutable ministère. Sera-t-il dignement rempli ?

Chacun sait que les jurés sont les véritables juges, les juges souverains de l'accusé ; qu'ils exercent, à son égard, la plénitude du pouvoir judiciaire ; qu'aucune forme, aucune autorité n'en règle l'exercice ; que leur conviction fait tout, et qu'ils n'en doivent compte qu'à leur conscience ; que l'accusé, les magistrats , que la loi elle - même, que tout se tait devant leur déclaration.

Certes ! on conviendra qu'un si grand pouvoir ne peut être confié qu'à des hommes dont les lumières et le caractère répondent qu'ils en useront avec sagesse , qu'à des hommes , en un mot, assez éclairés pour discerner l'innocent d'avec le coupable , et assez fermes pour résister à la séduction, à l'intrigue , à la pitié.

Or, qui nous garantit que les douze jurés dont les noms sont restés dans l'urne, ce résidu des quarante appelés à prononcer sur le sort de l'accusé, réunissent ces qualités précieuses?

Quels sont ces hommes ?

Quel est leur état ?

Quelle éducation ont-ils reçue ?

Quelles places ont-ils occupées ?

Quelle garantie enfin a-t-on de leur capacité, de leur instruction et de leurs qualités morales ?

Nul citoyen, répond le projet de loi , ne sera juré s'il ne sait lire et écrire, s'il n'a trente ans accomplis (art. 895), et s'il n'est imposé à 100 francs au moins au rôle des contributions (art. 903).

Voilà donc les seules conditions d'éligibilité.

Nous sommes certains que les jurés *auront trente ans*, *qu'ils sauront lire et écrire*, *et qu'ils paieront* 100 *fr. d'impôt.*

Mais auront-ils le discernement, l'instruction, la fermeté, l'impartialité, l'impassibilité nécessaires dans tout homme chargé de prononcer sur l'honneur, la liberté, la vie de ses semblables ? La loi ne le garantit, ni ne peut le garantir.

Et comme ces qualités ne se rencontrent pas nécessairement dans un sujet parce qu'il a tel ou tel âge, et qu'il paie telle ou telle quotité d'impôt ;

Comme, au contraire, on peut assurer d'avance que parmi les citoyens qui seront appelés par la loi à remplir les fonctions de jurés, les uns manqueront d'instruction et de capacité, un plus grand nombre encore de fermeté et de courage ; que plusieurs même n'auront ni le courage ni la capacité nécessaires ;

Il faut en tirer cette conséquence, que les élémens du jury ne seront pas essentiellement bons, que l'accusé aura toujours à courir les

chances d'une composition vicieuse ; qu'ainsi ;
au lieu de reposer sur des bases certaines ,
l'institution sera une espèce de jeu de hasard ,
où l'ignorance, la faiblesse et la pitié , complices involontaires de la séduction et de l'intrigue , se ligueront contre la justice pour
tromper le vœu de la loi , et l'espérance de
la société.

Je n'avance point un paradoxe.

On convient et l'on est forcé de convenir,
que tout citoyen, sans distinction, qui rem-
plit les conditions prescrites , est *légalement
apte,* et comme tel , peut être appelé à remplir
les fonctions de juré.

Eh bien ! voilà l'institution.

La voilà pour ainsi dire à *nud* et dégagée
des prestiges dont l'esprit philosophique et
l'art oratoire ont coutume de l'entourer.

Il est si vrai que les conditions d'éligibilité
sont la base, le principe fondamental de l'institution, et que tout le reste n'est qu'accessoire
ou réglementaire , que la loi n'en pouvoit
prescrire d'autres, sans attaquer l'institution
elle-même dans son essence; un jury étant
essentiellement composé de citoyens pris dans
toutes les classes, sans autre distinction que
la propriété.

Or, tout homme non prévenu avouera qu'il

ne suffit pas qu'un juré français remplisse les conditions prescrites, pour qu'il soit réputé capable d'en exercer les fonctions.

L'institution est donc vicieuse, en ce qu'elle ne garantit pas, dans les jurés, l'instruction et les qualités morales reconnues nécessaires.

On ne manquera pas d'objecter, que tous les éligibles ne seront pas nécessairement élus; que les préfets sont chargés, sous leur responsabilité, de faire une liste, c'est-à-dire, un choix de quarante-huit, toutes les fois qu'ils en seront requis par les préteurs; et que ces quarante-huit jurés d'élite présenteront à l'accusé et à la société une garantie suffisante.

On reconnoît donc la nécessité de faire un choix, et le danger qu'il y auroit, sans cette précaution, de rencontrer des jurés foibles.

Il y a donc dans la loi deux dispositions, dont l'une déclare implicitement éligibles tous ceux qui réunissent les conditions qu'elle prescrit, et l'autre ordonne un choix à faire, c'est - à - dire, des exclusions. Or pourquoi cette espèce de contradiction, si ce n'est parce qu'il falloit conserver le principe de l'éligibilité *en masse*, base fondamentale de l'institution, et cependant éviter les conséquences funestes qui pouvoient en résulter ?

Mais une institution dont les principes constitutifs peuvent et doivent conduire à de fâcheux résultats , n'est-elle pas essentiellement vicieuse ?

Je dis, que la faculté que donne la loi d'appeler aux fonctions de juré tous ceux qui réunissent les conditions requises, que leur seule *capacité légale* peut et doit conduire à de fâcheux résultats, à une mauvaise composition de jury.

Le seul remède, en effet, est dans le choix des jurés.

Mais quelle garantie a-t-on de la bonté de ce choix ?

La responsabilité des préfets , répond l'article 9o4.

Mais, qu'est-ce que cette responsabilité des préfets? La loi peut-elle entendre qu'ils seront effectivement responsables des choix qu'ils auront faits? Connoissent-ils, peuvent-ils connoître tous les éligibles de leurs départemens? Ont-ils une mesure certaine de leur instruction, de leur moralité ? La moralité, l'instruction des jurés est-elle un *fait* qu'il soit aisé, même possible de constater ? Par qui ensuite, dans quelle forme la responsabilité

ou l'action en résultant, seroit-elle exercée?
Quel tribunal la déclareroit encourue ? Sur
quelle espèce de preuves ? Quel en seroit
sur-tout l'effet par rapport à l'accusé condamné ? Seroit-il sursis à l'exécution de son
jugement ? Un nouveau jury seroit-il con-
voqué ? Par qui, dans ce cas, seroit-il
formé ? On chercheroit vainement, dans le
projet, la réponse à ces questions, qui cependant sont toutes renfermées dans ces mots :
sous leur responsabilité.

Il faut avoir le courage de le dire : cette
responsabilité n'est elle-même qu'un mot vide
de sens.

Les préfets ne formeront pas la liste ; ils
ne pourront pas la former ; ils s'en rappor-
teront nécessairement aux renseignemens que
leur fourniront les sous-préfets ; ceux-ci, aux
renseignemens des maires : une confiance ré-
ciproque sera l'ame de ce grand travail; et en
dernière analyse, la liste des jurés ne sera
qu'une opération mécanique, ouvrage des
chefs de bureau.

Qu'on observe encore que les fonctions de
juré ne peuvent pas toujours être remplies
par les mêmes individus, que ce seroit former
sous le nom de jurés un corps de juges permanent, ce qu'on a principalement voulu

éviter, et faire payer par un petit nombre la dette commune à tous; qu'il sera donc presque inévitable que la masse des éligibles soit à la longue, à peu près épuisée, d'où résultera une sorte de nécessité de comprendre enfin dans les listes des hommes en qui on ne reconnoîtra pas d'ailleurs les qualités nécessaires.

Les partisans de l'institution comptent beaucoup encore, pour la bonté des choix, sur la mesure des récusations.

Mais c'est une grande erreur de croire que le droit de récusation, commun à l'accusé et au ministère public, remédiera au vice, à la défectuosité des listes; il produira plutôt l'effet contraire. Il pourra bien arriver quelquefois que les jurés non récusés soient meilleurs que s'ils avoient été désignés par le sort; mais le plus souvent ils seront pire.

Qui doute en effet que l'accusé, s'il est coupable, n'écarte comme *Clodius*, *qui optimum quemque secernebat*, ceux en qui il reconnoîtra le plus de lumières, de fermeté et de courage, et ne flétrisse de son choix ceux qu'il croira les plus faciles à tromper, à séduire, à corrompre.

A l'exemple de Lentulus, *qui nequissimos rejiciebat*, le procureur général exercera, je le le veux, son droit de récusation sur les jurés qui n'auront pas sa confiance.

Mais est-il raisonnable de penser que, personnellement étranger à l'accusation, et *plaidant la cause commune*, il apportera dans ce choix important le même intérêt, la même sollicitude que l'accusé *défendant sa propre vie ?* Cela est-il dans la nature ?.... Il n'en faut pas douter ; l'activité, l'audace, j'ai presque dit l'énergie du crime, l'emporteront sur le zèle craintif, la timide circonspection du devoir.

J'en atteste nos mœurs, qui, dans cette circonstance plus que dans toute autre, seront en opposition directe avec l'institution.

Pour se prononcer sur la moralité des citoyens au nom desquels la fortune et le rang qu'ils occupent dans la société attachent quelque considération ; pour les signaler publiquement à l'opinion, à l'autorité ; pour imprimer sur eux une sorte de flétrissure, il faut avoir une force d'ame, une énergie de caractère, dont, en général, nous sommes peu capables.

Que s'il se trouve des magistrats assez énergiques pour remplir rigoureusement le vœu de la loi, il en résultera un inconvénient plus grave que celui qu'on a cru éviter ; l'amour-

propre, l'orgueil des jurés les empêcheront
d'aller se soumettre à cette censure publique....
Non, quarante-huit jurés français ne se
rendront pas au chef-lieu du département
pour y être passés au creuset, pesés à la
balance du procureur-général ; ils ne s'expo-
seront pas à la honte de s'entendre dire, en
face, par ce magistrat : *Je récuse cet homme,*
ce qui signifie : *Je le juge incapable ou
indigne de remplir les fonctions de juré ;*
et à la mortification, plus grande encore, de
se voir préférer tel juré que, dans leur estime,
ils placeront bien au-dessus d'eux-mêmes.

Et qu'on ne dise pas que la loi ni l'opinion
n'attacheront aucune honte, aucune défa-
veur à la récusation ; car alors chaque juré
l'ambitionnera, la sollicitera comme un privilége ; les plus capables ne seront pas les
moins empressés à se faire exclure, et l'accusé, comme la société, perdront les meilleurs
juges, précisément par le moyen qui, dans
l'intention de la loi, devoit les leur assurer.

Concluons donc que, ni les principes de
l'institution, ni les dispositions réglementaires
du projet, ne garantissent une bonne composition du jury.

Mais, non-seulement la loi est restée, à cet
égard, bien en-deça du but qu'elle s'étoit pro-

posé, j'estime qu'il n'étoit pas en son pouvoir d'y atteindre.

Je mets en fait que des *jurés* ne seront jamais, qu'ils ne peuvent pas être de *bons juges*.

La hardiesse de cette proposition prouve au moins que j'ai l'intime conviction qu'elle est vraie ; j'espère d'ailleurs en établir la vérité aux yeux de tout homme exempt de prévention.

Mes preuves seront simples ; car j'ai cet avantage, que tout ce qui me reste à dire, comme tout ce que j'ai dit, repose sur des faits avérés, ou des notions claires et à la portée de tous les esprits ; tandis que les partisans de l'institution se perdent, pour la soutenir, dans les régions sublimes de la théorie, dans les mystères impénétrables de l'entendement humain , et remplissent leurs ouvrages de maximes de politique ou de morale incontestables, sans doute, mais qu'on n'a pas intérêt de leur contester.

Quelles sont les qualités indispensables dans un juge criminel ?

Peut-on espérer de les trouver réunies dans les jurés ?

C'est toute la question.

Je soutiens, 1°. qu'un juge criminel doit

être instruit , et que les jurés manquent en général d'instruction ;

2º. Qu'il doit être ferme , impassible , incorruptible , et que les jurés sont , en général , foibles , et trop souvent à la merci des passions étrangères ou de leurs propres affections; et ici je retrouve , comme l'on voit , l'obstacle toujours renaissant et toujours insurmontable , qu'opposent aux succès de l'institution nos mœurs et le caractère national.

§. PREMIER.

Nécessité de l'instruction dans les jurés.

Je dis d'abord qu'un juge de l'honneur, de la liberté, de la vie de ses semblables, doit être instruit ; j'entends que son esprit doit avoir été cultivé par l'éducation, enrichi par l'étude des connoissances relatives à son état, et exercé par l'expérience des hommes et des affaires.

Comment se fait-il qu'il soit nécessaire de soumettre à l'épreuve du raisonnement la vérité d'une semblable proposition ?

Il le faut cependant , puisque les partisans de l'institution ont porté leur enthousiasme pour elle jusqu'à soutenir que les jurés n'avoient besoin que *des lumières du simple bon sens* (1).

Jetons un coup-d'œil sur les diverses fonctions du juré, et voyons si en effet, avec les simples lumières du bon sens, il est capable de les bien remplir.

J'observe que la première chose à faire par les jurés, et sans laquelle le but de l'institution est entièrement manqué, est d'en bien saisir le véritable esprit, de se former une idée juste des principes qui la constituent.

Ainsi, par exemple, un des principes de l'institution, est que les jurés d'accusation ne doivent pas examiner si le prévenu *est coupable*, mais seulement s'il existe des *présomptions assez fortes* pour le traduire devant un jury de jugement.

Le principe est vrai.

Il est certain qu'un citoyen, que de fortes présomptions accusent d'un délit ou d'un crime, ne sauroit être renvoyé sur la simple

---

(1) C'est ce que soutient M. Bourguignon dans un des Mémoires qu'il a publiés en faveur de l'institution, ouvrage dont je ne puis adopter les principes; mais j'aime à rendre hommage à son style brillant et aux savantes recherches qu'il renferme.

assertion de son innocence ; qu'il est condamné, pour la sûreté commune et par la force des choses, à subir l'épreuve d'un jugement solemnel ; que c'est même, dans l'indispensable nécessité de le subir, ce jugement, et de dévorer jusques-là les humiliations, les amertumes, de courir les dangers inséparables d'une procédure criminelle, qu'il trouve lui-même, comme membre de la société, sa sûreté personnelle.

Mais de bonne foi sont-ce là des idées, des conceptions, des rapports si simples, qu'il suffise pour les apercevoir d'être doué d'une mesure ordinaire de sens et de capacité ?

Un autre principe de l'institution, c'est que les jurés de jugement ne doivent pas *tenir tel fait* pour *certain* parce qu'il est attesté par *tel nombre de témoins et d'indices ;*

Ni regarder *telle preuve* comme *incomplète* parce que *tel nombre d'indices ou de témoins n'aura pas concouru à la former ;*

Que l'intime conviction suffit.

Sans doute que, rigoureusement parlant, il est inutile d'examiner le nombre et la qualité des preuves, toutes les fois qu'on à l'intime conviction, puisque l'intime conviction est le résultat nécessaire du nombre et de la qualité des preuves.

Mais cette idée : *la conviction fait tout, la conviction tient lieu de tout, de pièces, de témoins, d'indices*, est-elle à la portée du plus grand nombre de jurés, même de ceux qui passent pour avoir quelque instruction ? Accoutumés à juger sur ce qu'ils appellent *des preuves*, c'est-à-dire, sur le témoignage de leur sens ou sur celui des autres hommes, la plupart savent-ils seulement ce que c'est que la conviction, abstraction faite de ces témoignages ? L'opération de l'esprit juste qui les sépare n'est-elle pas au-dessus des forces du leur ? Que dis-je ! tous ont-ils la conscience de cette intime conviction alors même qu'elle est acquise ? Combien de jurés, ignorant qu'ils étoient convaincus, ont fait une déclaration contraire, croyant déclarer seulement que le fait n'étoit pas *suffisamment prouvé !*

Une troisième règle prescrite aux jurés, règle importante et fondamentale de l'institution, c'est qu'ils ne doivent pas *considérer les suites que pourra avoir leur déclaration par rapport au prévenu.*

Et en effet, les jurés n'ayant à prononcer que sur le fait de l'accusation et la culpabilité de l'accusé, ils franchissent les limites de leur pouvoir, ils contrarient le vœu de l'institution, ils en troublent, ils en détruisent l'économie, toutes les fois qu'ils cherchent à pénétrer dans le secret des lois pénales pour en faire la règle de leur déclaration.

Mais ce contre-sens, ou si l'on veut, cet abus de pouvoir frappe-t-il tous les esprits par son évidence ? Est-ce donc une chose bien manifeste, que les jurés ne peuvent, sans se rendre coupables de prévarication, considérer les suites qu'aura, par rapport au prévenu, le jugement qu'ils vont rendre ? Cela peut-il être autrement ? Un juré peut-il déclarer l'accusé coupable sans voir l'échafaud dressé en vertu de sa déclaration ? Et cette image terrible ne doit-elle pas troubler son esprit, agiter, bouleverser son cœur ?

Que sera-ce s'il juge la loi trop sévère, trop rigoureuse, injuste ?

Par exemple, un assassin est arrêté chez son frère qui, pour le soustraire à la mort, lui avoit fourni asyle dans sa maison; ils sont traduits l'un et l'autre devant le même jury. L'article 68 du projet les condamne tous deux à la peine de mort.

Cette disposition est-elle juste par rapport au recéleur ? Je veux qu'on puisse la justifier par de forts raisonnemens. Mais les jurés les feront-ils ces raisonnemens ? Seront-ils même capables de les entendre ? Ah ! plutôt ils ne concevront pas comment on aura pu criminaliser un homme pour un fait que lui commandoient impérieusement l'humanité , la nature , et ils s'empresseront de l'acquitter.

Combien d'autres dispositions de la loi je pourrois citer dont la justice est le secret de ceux qui l'ont faite , et d'un petit nombre d'esprits accoutumés à réfléchir sur ces matières profondes !

La question , au reste , n'est pas de savoir si les jurés peuvent soumettre la loi à leur jugement , la confronter , en quelque sorte , avec le délit , et puiser , dans le rapport de l'un à l'autre , les motifs de leur déclaration ; mais bien de savoir si le simple bon sens suffit pour leur faire sentir qu'ils doivent faire abstraction de la loi pénale , ignorer , en quelque sorte , qu'elle existe ; et qu'en tous cas , son injustice , alors même qu'elle est évidente , est un inconvénient moins grave que celui qu'il y auroit à en soumettre chaque disposition à leur examen , et à faire dépendre leur déclaration de l'opinion qu'ils s'en seroient formée.

Or, je le répète, y a-t-il beaucoup de jurés capables de ces combinaisons, de ces calculs ?

Il est donc certain que, pour la seule intelligence des principes de l'institution du jury, des bases sur lesquelles elle repose, les simples lumières du bon sens sont insuffisantes ; qu'il faut une mesure d'esprit et de capacité peu commune, et de plus, un degré d'instruction qu'on ne peut avoir acquis que par l'étude, l'expérieuce et la méditation.

Les faits viennent ici à l'appui des raisonnemens.

Si les principes de l'institution sont si simples, pourquoi les jurés votent-ils habituellement en sens contraire ?

Interrogez ce jury d'accusation, demandez-lui pourquoi il a renvoyé ce prévenu qu'accabloit le poids des présomptions et des indices ; il vous répondra de bonne foi qu'il n'y avoit pas de *preuve* qu'il fût coupable.

Faites la même question à ce juré de jugement : *Je crois fermement*, vous dira-t-il, que l'accusé *étoit coupable*, mais il n'y avoit pas de témoins *de visu ;* ou encore : la preuve étoit *complète*, mais la *peine* est *excessive.*

Je ne crains pas de le dire : *il n'est pas de*

puissance humaine capable d'empêcher un juré d'accusation de s'ériger en juré de jugement.

Il n'est pas de puissance humaine capable d'empêcher des jurés de jugement d'examiner d'abord la force et la qualité des preuves, de considérer ensuite la disposition de la loi pénale, d'en calculer les rapports, les proportions avec le délit, et de rendre leur déclaration contre ou en faveur de l'accusé, non suivant l'intime conviction qu'ils auront acquise de sa culpabilité ou de son innocence, mais suivant l'opinion qu'ils se seront formée de l'évidence des preuves et de la justice de la loi.

D'où je tire cet argument, que je crois sans réplique :

Ou les jurés violent ainsi les principes de l'institution, parce qu'ils ne peuvent les comprendre, et alors l'intelligence de ces principes n'est pas à la portée du commun des hommes ;

Ou la cause de cette violation est dans la vivacité naturelle des Français, dans leur tendance à excéder les bornes de l'autorité qui leur est confiée, dans leur peu de respect pour la loi, dans leur irrésistible penchant à l'indulgence ; et alors, comme je l'ai si souvent dit, l'obstacle est dans le caractère national ;

Ou enfin, ce qui est plus vrai, le caractère national et le défaut d'instruction et de lumières dans les jurés, concourent à produire ce résultat, et alors l'institution est infectée d'un double vice radical.

Mais s'il faut aux jurés une mesure plus qu'ordinaire d'instruction et de capacité pour saisir le véritable esprit de l'institution, pour en pénétrer les secrets, combien ils trouveront de plus grandes difficultés encore dans l'exercice de leurs fonctions ! et combien ceux qui n'auroient d'autre secours que les lumières du bon sens seroient peu propres à les remplir !

Parlons d'abord du jury d'accusation.

Un prévenu est traduit devant ce jury ; son innocence est encore un problême ; le soupçon, qui naît toujours de l'accusation, plane sur sa tête, il est même fortifié par des présomptions, des indices ; mais la vérité reste couverte d'un épais nuage.

L'intérêt de la société veut qu'il soit renvoyé devant un jury de jugement, quoiqu'il n'y ait pas de preuves qu'il soit coupable.

L'intérêt de l'accusé, la justice elle-même, réclament sa mise en liberté, s'il n'existe contre lui de fortes présomptions.

C'est aux jurés à prononcer entre ces deux grands intérêts.

Ont-ils quelque base certaine sur laquelle ils puissent asseoir leur jugement ? Aucune: ils peuvent déclarer qu'il y a lieu à accusation contre le prévenu, sans avoir la conviction de sa culpabilité; ils peuvent le rendre à la liberté, sans avoir la certitude de son innocence.

Le doute cependant ne suffiroit pas pour le retenir, ne suffiroit pas pour l'absoudre; car le doute exclut seulement la certitude, et par conséquent subsiste avec tous les degrés inférieurs de probabilité.

Quelle sera donc la règle des jurés ? Encore une fois la loi n'en prescrit, n'en peut prescrire aucune. *S'il existe*, dit-elle, *de fortes présomptions*..... Mais que doit-on entendre par *de fortes présomptions ?* Les jurés ont-ils une balance, une échelle communes, où ils puissent peser, mesurer la force des présomptions qui s'élèvent pour ou contre l'accusé? Non sans doute ; mais alors de quelle justesse d'esprit, de quelle finesse de discernement et de tact, de quel sentiment exquis de vérité et de justice ne doivent-ils pas être doués pour apercevoir la ligne, le point imperceptibles qui, dans l'ordre de nos idées, de nos perceptions, séparent le simple doute, le doute grave même de ce degré de vrai-semblance, de cette apparence de vérité qui, sans opérer l'entière conviction, sans con-traindre l'opinion même, la font pencher d'un côté plutôt que de l'autre !

A la différence du juré de jugement, dont la décision repose sur le sentiment de sa con-viction intime, celle du jury d'accusation n'a point de base assurée, ou plutôt elle est fondée, en quelque sorte, sur l'incertitude même. C'est, en effet, dans un doute raisonné, mais toujours dans un doute, qu'il est obligé de chercher, de puiser les motifs de sa déter-mination.

Ah ! si le don de l'infaillibilité pouvoit jamais être le partage des hommes, il devroit être celui du juré d'accusation qui, obligé de se décider sans preuves, ou n'ayant pour preuves que quelques présomptions, souvent combattues par des présomptions contraires, n'a ni ne peut avoir, soit dans la justesse de son esprit, soit dans la pureté de son cœur, une garantie certaine de la justice de sa dé-claration.

Transportons-nous maintenant devant le

jury de jugement ; c'est là que tous les doutes vont se dissiper, que le problême va se résoudre.

Les jurés de jugement doivent prononcer sur la culpabilité de l'accusé, d'après leur intime conviction ; ils doivent donc pouvoir l'acquérir.

On convient que la conviction, qui n'est autre chose que la certitude morale, se compose de probabilités ; que le nombre de probabilités nécessaire pour l'opérer, n'est, ni ne peut être déterminé, qu'il dépend du plus ou moins de confiance que mérite la déclaration des témoins, et en un mot, d'une infinité de circonstances fugitives du délit et du débat.

Le jury doit donc rassembler, comparer, apprécier ces circonstances, ces présomptions, ces déclarations, ces indices, et juger s'il résulte de leur ensemble la certitude morale que l'accusé s'est rendu coupable du crime qu'on lui impute.

Mais quelle force d'esprit, quelle habitude de réflexion, quelle expérience des choses et des hommes, ne suppose, n'exige pas une opération aussi délicate ?

Dira-t-on que la conviction est un fait indépendant de la volonté du juré, même de son jugement ; qu'après le débat il est nécessairement convaincu, ou non convaincu ; qu'il n'a qu'à s'interroger, et faire à la loi, au tribunal, la réponse qu'il se sera faite à lui-même.

Tout homme dont les organes ne seroient pas viciés, seroit donc propre à remplir les fonctions de juré, quelles que fussent d'ailleurs la portée de son esprit, la mesure de sa capacité, de ses lumières! Les partisans de l'institution reconnoissent cependant la nécessité d'un choix, et ils sont bien forcés de la reconnoître.

Je conviens qu'il est des circonstances où le juré peut acquérir la conviction sans réflexion, sans examen, involontairement et malgré lui. Un assassinat, par exemple, est commis au milieu de la place publique ; vingt témoins, non suspects, ont vu l'assassin plonger le poignard dans le sein de la victime : arrêté au même instant, et traduit devant la justice, il fait aux magistrats l'aveu de son crime, il le renouvelle devant le jury ; les vingt témoins, le poignard, les vêtemens sanglans du meurtri sont là, et confirment, en sa présence, ses aveux : dans ce cas, et autres semblables, il ne faut, je l'avoue, il ne faut au juré que des organes ; toute réflexion, tout examen, toute opération

de

de son esprit est inutile ; il voit, il entend,
c'est assez, il est convaincu.

Mais lorsque le délit et le coupable sont
couverts de ténèbres, que perce à peine l'œil
le plus attentif, à la lueur des présomptions
et des indices ; lorsqu'à des preuves mani-
festes de sa culpabilité, l'accusé oppose de
fortes probabilités de son innocence ; lorsque,
par l'effet de ses aveux involontaires, ou irré-
fléchis, de la versatilité, de la contrariété
des témoignages, le juré passe, tour-à-tour,
et durant le débat, de l'incertitude à la conviction, de la conviction à l'incertitude ;
lorsqu'un doute grave, même léger, plaide
constamment dans son cœur la cause de l'accusé, que d'ailleurs toutes les probabilités con-
damnent ou signalent à la justice ; dans ces
circonstances, et autres plus difficiles encore,
comment soutenir que le juré n'a pas besoin
d'un jugement exquis, d'une sagacité profonde, et sur-tout de ce tact précieux que
donne l'expérience des affaires, et qu'elle
seule peut donner ?

L'homme, dit-on, souvent en opposition
d'intérêts avec ses semblables, et, d'un autre
côté, ayant avec eux, par ses goûts, ses penchans, ses affections, ses passions, une infinité de rapports et de points de contact, est

obligé d'étudier leur caractère ; d'observer leurs actions, leurs mouvemens ; d'en rechercher la cause, les motifs secrets : par cette étude pratique de tous les jours, de tous les instans, il doit nécessairement apprendre à les juger, et acquiert ce qu'on appelle la science de l'ordre moral.

Chaque fait, dit-on encore, a pour ou contre lui, un nombre plus ou moins considérable de probabilités, suivant qu'il est plus ou moins compliqué d'autres faits et de circonstances ; les expériences journalières de la vie, qui n'est elle-même qu'une expérience continuelle, accoutument l'esprit à évaluer ces probabilités ; et par la connoissance de ce qui est probable, on parvient enfin à connoître, à juger ce qui est certain : il ne faut, pour cela, ajoute-t-on, ni principes, ni règles, ni instruction ; le simple bon sens suffit (1).

Ce n'est là qu'un systême ingénieux démenti, comme tant d'autres, par l'expérience.

____

(1) C'est en substance le systême de M^r. Canard, parfaitement développé dans son Projet d'Organisation de la Procédure Criminelle, ouvrage d'ailleurs aussi profondément pensé que clairement écrit.

Tous les hommes sont frappés, sans doute, de ce qu'ils voient, de ce qu'ils entendent, du spectacle qu'offre chaque jour la société; mais peu sont capables de comparer les sensations qu'ils éprouvent, et, cependant, ce n'est que par la comparaison de nos sensations que nous pouvons juger, déterminer les rapports que les choses ont entr'elles.

Si l'habitude de vivre avec les autres hommes pouvoit seule, et sans le secours de la réflexion, nous apprendre à les connoître, à les juger, il s'en suivroit que ceux qui n'ont reçu aucune éducation, aucune instruction, que les artisans, les ouvriers les plus vils, seroient, en matière de vols et d'assassinats, les meilleurs jurés qu'on pût choisir, par la raison que, nés, comme la plupart des accusés de ces sortes de crimes, dans les dernières classes de la société, ils ont avec eux des relations plus journalières, des rapports plus multipliés, plus intimes; qu'ils sont dans ce sens leurs véritables *pairs*.

Qui oseroit cependant avancer une semblable proposition ?

Ce n'est pas que le commerce des hommes entr'eux, que l'habitude de vivre ensemble, la nécessité de s'observer, de s'étudier réciproquement, ne puissent donner, même aux plus bornés, la mesure de certains faits, de certaines actions humaines.

Ainsi, par exemple, que l'accusé d'un crime capital soutienne obstinément qu'il n'en est pas coupable, il n'est personne qui se méprenne sur le motif de sa dénégation, et qui, par conséquent, la compte au nombre des probabilités de son innocence.

Par la même raison, la déclaration d'un témoin évidemment en contradiction avec lui-même ou avec quelque circonstance manifeste du fait principal, ne sauroit faire impression sur aucun juré, la fausseté d'une semblable déclaration étant à la portée des esprits les plus médiocres et les moins exercés.

Mais qu'on suppose un aveu fait par l'accusé dans la chaleur du débat ; aveu terrible, dans le sens littéral, et le plus apparent ; justificatif, au contraire, si on le rapproche des circonstances dans lesquelles il a été fait, je veux dire des questions insidieuses qui le lui ont arraché, de l'explication ultérieure qu'il en a donnée, des exceptions dont il l'a accompagné.

Le juré, peu instruit et incapable de faire ces rapprochemens, ne verra, ne prendra, de l'aveu, que la partie matérielle, et y trouvera le complément de sa conviction ; tandis que le juré réfléchi et exercé , en pésera , avec soin , toutes les circonstances, et arrivera peut - être à un résultat tout opposé.

Qu'on suppose encore le père d'un homme assassiné , appelé en témoignage devant la justice : sa déclaration est accablante , mortelle pour l'accusé ; il l'a vu commettre le meurtre , il en raconte , dans le plus grand détail , les horribles circonstances ; mais il parle avec une vivacité , une chaleur extraordinaires , et qu'on ne remarque dans aucun des autres témoins ; l'altération visible de ses traits décèle le trouble , l'agitation de son ame.

Le juré, sans instruction, sans expérience, ne verra dans ce témoin qu'un accusateur avide de sang et de vengeance , indifférent sur le choix de la victime, pourvu qu'il y en ait une , et fera tomber sur lui tout le poids de son animadversion.

Celui , au contraire , qui aura fait de l'homme une étude plus approfondie , se demandera si l'animosité , l'extrême chaleur de ce témoin , l'altération sensible de ses traits , ne sont pas l'effet naturel du sentiment de la perte cruelle qu'il a faite; il se demandera si un tendre et malheureux père peut être tranquille à l'aspect du meurtrier de son fils ; si la douleur, l'indignation dont il est pénétré, loin d'accuser sa mauvaise foi, ne prouvent pas plutôt la sincérité, la vérité de sa déclaration ;

Il examinera ensuite, si quelque vif que soit, que puisse être, dans ce père infortuné, le desir de la vengeance, il peut cependant vouloir l'exercer sur l'accusé, sans être certain qu'il est coupable, si, dans le doute, la crainte, l'horrible crainte de commettre lui-même un assassinat, ne l'auroit pas emporté sur le triste besoin de venger celui de son fils.

Voilà par quelle suite de réflexions, de rapprochemens et de calculs, le juré dont je parle parviendra à se fixer sur le degré de confiance que mérite la déclaration du té-moin ; et certes, on conviendra que le seul commerce habituel des hommes ne sauroit élever l'esprit du plus grand nombre à la hauteur de ces considérations.

Les partisans du système que je combats, l'ont implicitement reconnu. En soutenant, en effet, que tous les hommes peuvent acquérir la conviction par la pratique journalière des autres hommes, ils avouent cependant que tous ne sont pas également propres à remplir les fonctions de juré.

Mais si l'on convient, et s'il est incontestable que tous les hommes ne sont pas également propres à remplir les fonctions de juré, et qu'on ne devroit y appeler que ceux qui, suivant l'heureuse expression de M.r Canard, ont déjà fait *de grandes collections de probabilités*, et ont le plus *de sagacité pour les lier, les voir dans leur ensemble ;* j'en tire la conséquence, qu'il faut renoncer à l'institution des jurés, par cette raison, que le commun des hommes de toutes les classes, sans exception, agit beaucoup, mais observe peu ; que même un très-petit nombre sont capables de lier, de comparer les observations qu'ils ont faites, d'en tirer des règles générales de jugement ou de conduite, et d'en faire une juste application aux divers cas particuliers qui peuvent se présenter ; qu'il faut pour cela, ainsi que je l'ai déjà dit, joindre à la pratique des hommes, l'habitude et l'expérience des affaires criminelles.

J'ajoute qu'il faut encore l'expérience et l'habitude des accusés.

Tous ceux qui ont rempli quelques fonctions dans les tribunaux criminels, tous ceux qui ont été à portée d'observer la marche du plus grand nombre des accusés dans l'instruction des procédures et dans le débat qui a lieu devant le juré, ont dû remarquer qu'ils se roulent perpétuellement, suivant la nature de l'accusation, dans un cercle d'idées qu'ils se communiquent, se transmettent les uns aux autres, et qui forment comme la base de leur défense commune?

On a dû remarquer aussi qu'ils emploient, pour les exprimer, une sorte de langue ou plutôt de jargon, qui leur est particulier.

Qui ne sait d'ailleurs que chaque trait, chaque mouvement, chaque geste d'un accusé, que toute l'habitude de son corps, que son silence même, ont aussi un langage qui leur est propre.

Et s'il est incontestable qu'à force d'observations et de sagacité, on pourroit, au seul aspect, lire dans le cœur des hommes, y surprendre leurs affections, leurs pensées les plus secrètes;

Comment veut-on qu'un juré inexpérimenté, appelé pour la première fois à prononcer sur une accusation grave, effrayé lui-même du pouvoir que la loi lui confie, des terribles fonctions qu'il va exercer, étranger à l'instruction qui a été faite, au débat qui va s'ouvrir, dérobe tout-à-coup à l'accusé le secret de sa tactique, le suive dans ses réponses, dans ses récits, à travers les circonlocutions et l'obscurité de son langage ;

Qu'il note, avec exactitude, ces changemens subits de couleur, de ton, de voix (1), ces regards fixes, inquiets, ces mouvemens rapides, ces frémissemens involontaires, indicateurs certains de ce qui se passe dans son ame ;

Qu'il ne lui échappe enfin aucun trait, aucune nuance, aucun linéament du tableau que va former le débat entre l'accusé, les témoins, les jurés et les juges!.... Mais franchissons tous ces obstacles ; je suppose le juré convaincu.

Qu'importe ! si un défenseur habile va lui prouver qu'il ne l'est pas, qu'il ne peut pas l'être ; qu'il répond à Dieu et aux hommes de l'honneur, de la vie de l'accusé !..... Ce ne seroit là sans doute que de vaines clameurs devant des juges instruits et exercés à ce genre de combat ; mais un juré éviterat-il le piége tendu à sa crédulité, à sa bonne foi, à sa vertu ? Aura-t-il l'instruction, la justesse et la force d'esprit nécessaires pour démêler la foiblesse, le vice des raison-

_____

(1) L'article 18, liv. 4, titre 4 des constitutions de la Sardaigne vouloit qu'on décrivît les changemens de couleur et les moindres mouvemens, les moindres gestes de l'accusé et des témoins.

nemens de l'orateur à travers le luxe pompeux de ses paroles , pour résister sur-tout aux mouvemens étudiés , au prestige entraînant au charme irrésistible de son éloquence ?

A Dieu ne plaise , cependant , que je veuille contester aux accusés le droit sacré d'employer le ministère d'un défenseur officieux ! Le plus farouche tyran des Romains, Tibere , en accorda six à Pison , accusé d'avoir empoisonné Germanicus, son fils (1)· Nos antiques lois criminelles admettoient la défense et l'instruction publiques : ce fut l'impie (2) Poyet, suivant l'expression énergique de Dumoulin , qui les fit abolir par l'article 162 de l'ordonnance de 1539.

A la honte du siècle de Louis XIV, celle de 1670 a maintenu le secret de l'instruction,

---

(1) *Si quos* (disoit Tibere , en plein sénat, aux orateurs choisis par Pison), *si quos propinquus sanguis aut fides sua patronos dedit, quantum quisque eloquentià et curà valet juvate periclitantem.* Tacit. Annal.

(2) *Vide tirannicam opinionem illius impii Poyeti , vide duritiam iniquissimam per quam etiàm deffensio auffertur.* Dumoul. Comment. de l'ordonnance de 1539.

malgré la réclamation touchante que fit, à cet égard, M^r. le premier président de Lamoignon, lors de la rédaction du procès-verbal. « Le conseil donné aux accusés, disoit » ce célèbre magistrat, n'est point un *privi-* » *lége*, c'est une *liberté* acquise par le *droit* » *naturel*, qui est plus ancien que toutes les » lois humaines. La nature enseigne à l'homme » à avoir recours aux lumières des autres, » quand il n'en a pas assez pour se conduire, » et d'emprunter des secours quand il ne se » sent pas assez fort pour se défendre » (1).

Ah ! sans doute il est juste qu'un innocent chargé de toutes les apparences du crime, et qu'une erreur fatale a seule conduit, peut-être, jusqu'aux pieds de l'échafaud, ne soit pas, dans ce moment terrible, abandonné à ses propres forces; qu'il soit, au contraire, soutenu, protégé par le zèle actif, les conseils salutaires, le savoir, l'éloquence, et tout le talent d'un défenseur.

Il est juste aussi, et conforme au droit naturel, que le coupable, lui-même, puisse, s'il le croit utile, désavouer son crime, en atténuer au moins les circonstances, discuter

____

(1) Procès-verbal de l'ordonnance de 1670, tit. 4, article 8.

la loi qui le frappe, parler sur-tout au cœur de ses juges : et si la crainte, la terreur de la mort, si le sentiment anticipé de son supplice ont affoibli, anéanti toutes les facultés de son ame, comment lui refuser un secours étranger ! comment lui enlever la seule ressource qui lui reste, l'espoir de tromper, oui de tromper, de séduire ses juges, de les toucher, de les désarmer, comme Ligarius, par la douce et entraînante éloquence d'un nouveau Cicéron !

Embrassez la défense des accusés, même des coupables, disoit ce grand homme à son fils, pourvu qu'ils ne soient ni scélérats, ni impies : c'est la volonté du peuple et le vœu de l'humanité (1).

J'admire le courage et le talent de M. Canard, qui a soutenu avec force, et presque prouvé, page 102 et suivantes de son Mémoire, que le ministère des défenseurs est inutile, même funeste à l'innocent : je ne saurois cependant me rendre à ses raisons.

Les meilleures causes, dit M. Rollin,

---

(1) *Nocentem aliquando, modo ne nefarium impiumque deffendere vult hoc multitudo patitur consuetudo, fert etiam humanitas.* Cic. de off.

peuvent ressembler, *pour la difficulté*, aux plus mauvaises.

Ce seul mot détruit entièrement le systême de M. Canard, et prouve, sans réplique, l'utilité, la nécessité d'un défenseur, même pour l'accusé exempt de crime. Eh ! que peut le sentiment de son innocence devant les lois courroucées et l'image toujours présente d'une mort ignominieuse !

Poyet, le trop fameux auteur de l'ordonnance de 1539 ; Poyet, que son éloquence et la profondeur de son savoir portèrent du barreau aux pieds du trône de François Ier, accusé lui-même et traduit devant ses juges, sent son talent et ses forces l'abandonner ; il reconnoît, mais trop tard, le vice de la loi meurtrière qu'il a surprise à la religion du monarque : « Ce que j'ai écrit pour ma dé- » fense, dit-il dans ses interrogatoires, ce que » je dirai présentement, ne peut être sans » *impertinence et ineptie*, comme fait d'un » homme étant *en captivité....* Je crains » beaucoup n'avoir *puissance et entendement* « *suffisant....* Il est mal aisé de *beaucoup* » *parler sans faillir....* » La réponse de ses juges fut terrible. Souffrez, lui dirent-ils, la loi que vous avez portée, *patere legem quam ipse Tuleris ;* et par une juste punition du ciel, dit Dumoulin, la loi retonba sur son auteur.

C'est donc, je le répète, une chose juste, humaine d'accorder un défenseur à l'accusé ; mais alors l'intérêt de la société sollicite, commande impérieusement l'abolition de la procédure par jurés : ces deux institutions sont inconciliables en France ; nos jurés sont et seront toujours incapables de lutter, dans les causes ordinaires, contre la sagacité, l'astuce, la trompeuse éloquence d'un défenseur ; et dans les causes d'un grand intérêt, contre les grands mouvemens, les inspirations subites, les élans sublimes de son ame forte et généreuse.

Qu'il parvienne seulement à jeter un doute dans l'ame des jurés ; dès ce moment plus de conviction ; par conséquent plus de coupable, plus de justice ; le but de l'institution est manqué.

Nous touchons aux termes des fonctions du jury, le débat est fermé, les questions sont posées, les jurés vont délibérer.

Mais pourquoi délibérer ?

Si les jurés ont la conviction, que leur faut-il de plus ? et s'il ne l'ont pas acquise,

peuvent-ils l'aller chercher dans une délibération à laquelle l'accusé, les témoins et les
juges seront étrangers?

Qui prendra, dans ce conseil secret, la
défense de l'accusé contre ce juré sombre et
atrabilaire, qui trouve dans des indices légers,
la preuve évidente du crime?

Qui défendra, au contraire, la société
contre ce juré compatissant, pusillanime, pour
qui les preuves les plus évidentes du crime
ne sont que des indices légers?

Tous les jurés, me répondent les partisans
de l'institution.

Il va donc s'élever une nouvelle discussion
entre les jurés.

Les probabilités pour ou contre l'accusé,
vont donc être, de nouveau, examinées,
pesées en quelque sorte à une balance commune.

Ce ne sera donc pas la conviction personnelle de chaque juré, la conviction née du
débat, mais une conviction postérieure au
débat, étrangère au débat, souvent contraire à celle qui étoit résultée du débat, qui
formera la déclaration du jury?

Le sort de l'accusé, de la société, seront
donc entre les mains du juré le plus éloquent
ou le plus astucieux!

Mais est-ce là le véritable esprit de la procédure par jurés? Le débat n'est-il pas, dans l'intention de la loi, la source commune où les jurés doivent puiser exclusivement les motifs de leur détermination? La seule nécessité reconnue de cette délibération subséquente ne prouve-t-elle pas le vice de l'institution? Une institution, en effet, n'est-elle pas essentiellement vicieuse, lorsqu'elle ne peut exister qu'avec des modifications qui en dénaturent les principes, en altèrent la substance?

Je suppose un juré sorti du débat, convaincu de la culpabilité de l'accusé; il délibère avec les autres jurés; le doute rentre dans son ame, il vote pour l'absolution.

Mais qui garantit à la société que cette dernière opinion conçue, tout-à-coup, au milieu d'une délibération tumultueuse, doit prévaloir sur cette conviction puisée au sein du débat, dans les discours, dans le silence, dans les traits parlans de l'accusé?

Je suppose, au contraire, le juré non convaincu par le débat, mais ultérieurement vaincu par la délibération.

Que répondre à un accusé qui diroit à ses juges:

Je réclame l'opinion que les jurés ont conçue lors du débat, que les témoins leur

ont

ont donnée, que j'ai, que vous avez, vous-même, concouru à former ; elle m'est acquise ; elle appartient aussi à la justice, à la loi. Je récuse, au contraire, celle qui a pu résulter de leur délibération ultérieure ; elle m'est étrangère, elle m'est suspecte. Je suis aussi, moi, une pièce justificative, ou de conviction, et la pièce la plus importante ; après m'avoir absous, présent, et contradictoirement, les jurés ont-ils pu me condamner, en mon absence, et sans m'entendre ? Si les preuves de mon crime n'ont pas jailli avec force du débat, d'où les ont-ils tirées ? Où ont-ils puisé les élémens de leur conviction actuelle ? Ont-ils pu mieux juger sans moi qu'avec moi ?

Et qu'on ne dise pas que la conséquence de ce système seroit que les juges ne pourroient jamais délibérer.

Il n'en est pas, en effet, des juges comme des jurés.

Je prouverai bientôt que la délibération présente, pour les jurés, de grands dangers, que n'auroient pas à redouter des juges.

Ceux-ci, d'ailleurs, devant examiner si les formes judiciaires ont été observées, et faire, au délit, l'application des lois pénales, peuvent et doivent délibérer ; les jurés ne le doivent pas, par cette raison que leur déclaration n'est, si je puis parler ainsi, justiciable d'aucune loi, qu'elle n'a d'autre règle que leur conscience, et qu'il ne s'agit pas de savoir s'ils *doivent* être convaincus, mais s'ils *le sont ;* que toute la question est là ; que c'est la seule que la loi leur fait.

Plus conséquens que nous, les jurés de Rome et d'Athènes émettoient leurs suffrages immédiatement après le débat, et sans délibération préalable.

« A Rome et dans les villes grecques, dit
» Montesquieu (1), les juges *ne se commu-*
» *niquoient point ;* chacun donnoit son avis
» d'une de ces trois manières : *J'absous,*
» *je condamne, il ne paroît pas.* C'est que
» le peuple jugeoit, ou étoit censé juger,
» et que le peuple n'est pas jurisconsulte ; que
» toutes les modifications et tempéramens
» des arbitres (des juges) ne sont pas pour
» lui ; il faut lui présenter un seul objet, un
» fait et un seul fait ».

Point de délibération, comme on voit, les juges donnoient leur suffrage et la pluralité décidoit.

C'est ce que ne veulent pas les auteurs du

---

(1) Montesquieu, liv. 6, chap. 4.

projet du Code Criminel , partisans déclarés de l'unanimité des votes.

Qu'on me permette une courte digression sur ce point quoiqu'étranger à mon sujet.

Rien ne prouve , suivant moi , le talent des écrivains français, pour la discussion, comme l'art , qu'ont eu les auteurs du projet, de jeter des doutes, même des doutes graves sur cette question ; savoir : Si douze personnes délibérant sur un fait , sont *tenues* d'être d'un avis *unanime* sur *l'existence* et *la moralité* de ce fait.

Les Anglais, inventeurs du système de l'unanimité, n'ont pas, comme nous, la prétention d'en prouver l'excellence par le raisonnement, ils se contentent de dire : *Nous nous en trouvons bien*. Ils ont raison , s'ils s'en trouvent bien , d'y rester attachés ; car , en toute matière , les vérités de fait sont les plus certaines, et en matière de législation , ce sont les seules ; mais, par la raison contraire, si, comme cela est incontestable, nous nous sommes mal trouvés jusqu'ici de la loi qui prescrit aux jurés l'unanimité des suffrages, nous devrions l'abroger lors même qu'elle seroit conforme à ce qu'on appelle *les prin-cipes* ; nous le devons bien plus encore, si elle leur est contraire.

5.

Or , il est évidemment contraire au principe fondamental de toute délibération , que la minorité fasse la loi à la majorité , ou , ce qui revient au même , paralyse le vœu de la majorité.

La puissance de la majorité remonte à la naissance des sociétés ; elle a , comme elles , traversé les siècles , et ne finira , comme elles , qu'avec le temps. Si quelques législateurs y ont apporté de légères modifications, en matière criminelle , ils ont été déterminés par un sentiment d'humanité et de commisération pour les accusés , plutôt que par aucun principe de raison ou de justice.

Une loi , d'ailleurs , peut-elle vouloir que deux juges soient du même avis lorsque, dans le fait , ils sont d'un avis contraire ?

Elle peut bien faire que l'un *se range* à l'avis de l'autre , mais elle ne peut pas faire qu'il *en soit* ; elle peut obtenir une unanimité *fictive* , mais jamais une unanimité *réelle*.

Qu'opposer à des notions aussi simples , aussi claires ? L'unanimité , disent les auteurs du projet , est *la seule véritable justice*.

Lorsqu'elle est libre et spontanée , elle est, sans doute , la meilleure justice ; mais lorsqu'elle n'existe pas , ou , ce qui revient au même, lorsqu'elle est le résultat nécessaire, forcé de la volonté de la loi, peut-on dire qu'elle est la *seule*, même la *meilleure* justice ? Elle seroit, au contraire, une flagrante injustice dans le cas possible, où une majorité bien intentionnée, mais foible, céderoit à une minorité corrompue, mais opiniâtre.

La majorité n'est, dit-on encore, qu'une *justice présumée.*

Rigoureusement, l'unanimité elle-même, l'unanimité de *fait* que je ne confonds pas avec l'unanimité de *droit*, n'est qu'une *justice présumée.*

Tous les jugemens des hommes ne sont qu'une *justice présumée.*

Mais la justice n'est-elle pas plus *présumable* dans l'opinion de la majorité, que dans celle d'une apparente et fausse unanimité ? Une majorité franche, bien connue, bien prononcée, n'est-elle pas un garant plus certain de la justice du jugement, qu'un simulacre d'unanimité qui peut être l'effet de l'obstination ou de la foiblesse, et dont le vœu apparent peut être opposé au vœu réel de la majorité ?

On tire un troisième argument en faveur de l'unanimité, de ce qu'elle est un obstacle à la corruption des jurés ; il faudroit, dit-on, *les acheter tous.*

Au contraire, il n'en faudroit acheter *qu'un* qui eût assez d'énergie pour résister aux efforts impuissans de la majorité ; je dis impuissans ; car quel moyen de vaincre ce juré récalcitrant qui ne manqueroit pas de motiver son opinion sur la justice, et qui en trouveroit toujours les moyens dans quelques circonstances du délit ou du débat ?

On demande enfin, « si lorsque cinq jurés » respectables, sur douze, déclarent qu'un » accusé est innocent, une loi qui obligeroit » de le condamner pourroit être enregistrée » au nombre des bonnes lois ? »

Je réponds, avec presque tous les codes criminels de l'Europe (1): oui, elle pourroit, elle devroit être enregistrée au nombre des bonnes lois, et je doute si on pourroit ranger dans cette classe une loi qui seroit appuyée sur d'autres bases.

Les auteurs du projet se fondent sur une erreur de fait.

---

(1) Je ne connois, en Europe, que l'Espagne et le Portugal où l'unanimité des suffrages est de rigueur lorsqu'il s'agit de délits emportant la peine de mort ou des peines afflictives.

Ils supposent, ce qui est moralement impossible, ce qui est même contraire au mode
prescrit pour l'émission des votes, que lorsque
sept jurés déclarent l'accusé coupable, les
cinq autres le *déclarent innocent.*

Les cinq jurés ne le *déclarent pas innocent,*
ils déclarent seulement qu'ils ne *sont pas
convaincus qu'il soit coupable ;* et il y a
entre l'une et l'autre déclaration la même
différence qu'entre le doute et la certitude,
c'est-à-dire, toute l'échelle des probabilités.

Cette erreur de fait a produit une erreur
de calcul.

On a compté comme positives, et en faveur
de l'innocence de l'accusé, les voix des cinq
jurés qui ne le déclarent pas coupable, et on
en a conclu que deux voix seulement opèrent
sa condamnation.

Mais il s'en faut que les cinq voix doivent
être comptées pour l'innocence de l'accusé
dans ce sens, qu'elles puissent effacer un égal
nombre de voix contraires.

Les cinq jurés, en effet, ne sont pas convaincus que l'accusé est innocent ; ils ne peuvent pas l'être ; car, pour être convaincu,
c'est-à-dire, pour avoir la certitude morale
de l'innocence, il faut n'apercevoir aucune
probabilité pour le crime ; et comment cinq

jurés pourroient-ils n'apercevoir aucune probabilité pour le crime, lorsque sept en ont
l'intime conviction, c'est-à-dire, n'aperçoivent
aucune probabilité pour l'innocence ?

Toutes les fois, donc, que sept jurés, sur
douze, se déclarent intimement convaincus
de la culpabilité de l'accusé, on peut être
certain que les cinq autres regardent son innocence comme très douteuse, et alors leur
voix ne doit pas être comptée ; je dis plus,
on peut assurer qu'ils sont plus près de la
conviction du crime, et alors, leur opinion,
s'ils pouvoient la manifester, fortifieroit, au
lieu de l'affoiblir, le vote des autres jurés.

Je suppose, pour rendre ce raisonnement
plus sensible, que pour opérer la certitude
morale, il faille dix probabilités.

Sept jurés sont convaincus, ils ont donc
chacun dix probabilités que l'accusé est coupable. On peut supposer que les cinq autres
n'en ont que neuf et une pour l'innocence.

Dans ce cas, la somme des probabilités
contre l'accusé est de cent quinze, et celle
des probabilités, pour l'accusé, est de cinq.

Il existe donc cent quinze probabilités qu'il
est coupable, contre cinq probabilités qu'il
est innocent.

Si on suppose deux, trois et quatre probabilités pour l'innocence dans l'opinion de chacun des cinq jurés (et c'est beaucoup lorsque sept ont la conviction contraire) on aura une masse de 110, 105 et 100 probabilités contre 10, 15 et 20.

On voit donc combien est erroné le calcul qui, dans la supposition de sept voix contre cinq, ne produit, en résultat, que deux voix pour la condamnation.

Je reviens à mon sujet, *la nécessité de l'instruction dans les jurés.*

J'ai dit, et je crois avoir démontré que la délibération du jury est contraire à l'esprit, aux principes, au but de l'institution.

Si on m'objecte qu'elle est indispensable, pour éclairer les jurés, je répondrai qu'ils ont besoin de beaucoup plus de lumières, et de capacité pour y assister avec fruit, qu'il ne leur en falloit pour asseoir, sans elle, leur opinion.

Avant la délibération, l'esprit des jurés n'étoit occupé qn'à résoudre les doutes nés du délit et du débat.

Dans la délibération ils auront à résoudre tout à la fois, et les doutes produits par le débat, et ceux qui auront leur source dans la prévention, la foiblesse, la partialité et la fausseté d'esprit des autres jurés.

Qui ne sait que dans ces sortes d'assemblées, les hommes les plus médiocres, et par cette raison les plus présomptueux, prennent ordinairement le haut bout et s'établissent le centre de la discussion que le plus souvent ils embrouillent de manière à obscurcir les points les moins susceptibles d'être contestés ?

Que si quelque bon esprit profite habilement d'un moment de silence, ou de lassitude, pour ramener le plus grand nombre au véritable point de la question, il est rare qu'il ne soit pas interrompu par quelque réflexion absurde, où intempestive, qui tranche le fil de son discours, et reporte la confusion dans les idées qui commençoient à prendre une direction commune.

Quelquefois, et trop souvent, la partialité, la prévention, la passion, ont adroitement préparé, ou tournent plus adroitement encore, au profit du crime, ces divergences, ces chocs d'opinions et d'idées sur les faits les plus simples, ces fluctuations de la délibération, et parviennent, par cette tactique adroite, à affoiblir, à détruire entièrement la conviction la mieux établie. Qu'on remarque qu'un doute suffit pour cela, et qu'il est toujours aisé de le glisser dans l'esprit d'un juré probe, mais naturellement porté à l'indulgence, convaincu souvent malgré lui , et pour qui sa conviction est un poids qui l'accable , et dont il voudroit pouvoir se délivrer.

Or , je le demande, un juré sans instruction, sans expérience, sans ce discernement, sans cet aplomb que donne l'habitude des affaires, sera-t-il capable de suivre, si je puis ainsi dire, toutes les phases de la discussion ; d'en recueillir ce qu'elle aura présenté de vrai, d'utile ; d'en retrancher ce qu'on aura hasardé de faux ou de spécieux?

Pourra-t-il acquérir ou conserver la conviction , au milieu des doutes de toute espèce, que l'ignorance et l'irréflexion jetteront au travers de son esprit , ou que l'astuce et la mauvaise foi chercheront à faire parvenir jusqu'à son cœur ?

Trouvera-t-il même une ressource , un guide salutaire, dans le petit nombre des jurés clair-voyans, convaincus pour leur compte, mais foibles ou insoucians , et qui, peut-être, se feront un scrupule, dans une accusation grave , de concourir à former la conviction d'autrui ?

Il est évident que le juré dont je parle, et tous ceux qui, comme lui , manqueront d'une certaine mesure d'instruction et de capacité, seront à la disposition, à la merci des jurés les plus intrigans, les plus habiles. Eh! n'est-ce pas, en effet, ce qu'on voit tous les jours? La déclaration du jury n'est-elle pas, le plus souvent, l'ouvrage d'un très-petit nombre de jurés? Combien de fois n'a-t-elle pas été l'ouvrage d'un seul?

Une dernière difficulté à vaincre pour les jurés, alors même qu'ils sont convaincus, c'est l'intelligence et la solution des questions qui leur sont proposées.

Plusieurs opinions ont été émises sur la manière de poser les questions.

Les uns pensent que les jurés doivent, à l'avenir, comme par le passé, être interrogés séparément sur le fait, la culpabilité, la moralité, et chaque circonstance élémentaire du fait, ou caractéristique du délit.

Un plus grand nombre soutiennent qu'on doit interroger les jurés sur le fait, la culpabilité, et seulement sur les circonstances aggravantes ou atténuantes.

D'autres enfin, qu'on doit faire aux jurés cette seule question : *L'accusé est-il coupable?*

Or, quelle opinion qu'on adopte, de quelle manière que les questions soient posées, les jurés ont besoin, pour les résoudre, de plus de lumières qu'ils ne sont censés et qu'ils ne peuvent en avoir.

Et, d'abord, on ne peut contester que le mode actuel ne présente aux jurés les plus grandes difficultés (1); le moyen qu'ils répondent avec connoissance de cause aux trente mille questions que , d'après ce mode , il est quelquefois nécessaire de poser dans un même procès! C'est ce qui a fait dire avec raison, à M. Oudart, que c'est les jeter dans une *mer sans rive et sans fonds* (2).

La difficulté est moins grande, si on interroge les jurés seulement sur le fait, la

____

(1) S'en suit-il qu'il est vicieux ? Il seroit trop long de développer ici les motifs qui déterminèrent l'Assemblée Constituante à l'adopter. M^r. Oudart les a indiqués, mais non combattus, pag. 59 et suiv. de ses Observations. La question est encore injugée ; il est bien reconnu qu'il est extrêmement difficile de résoudre , et par conséquent dangereux de poser autant de questions qu'il y a de faits ou de circonstances ; mais il n'est pas également prouvé qu'elles ne soient pas nécessaires , au moins utiles ; et si elles sont tout-à-la-fois difficultueuses, dangereuses, et nécessaires, ou même utiles, ce n'est pas dans la position des questions qu'est le vice, mais dans l'institution ; ce ne sont pas les questions qu'il faut supprimer , mais l'institution.

(1) Observat. de M. Oudart, page 61.

culpabilité et les circonstances aggravantes ou atténuantes du délit.

Mais, dans beaucoup de circonstances, ils n'en seront pas moins hors d'état de répondre aux questions qui leur seront faites, à celles sur-tout qui auront pour objet de caractériser le délit, par la raison que ce sont, le plus souvent, des questions de droit, que des jurés ne peuvent et ne sont pas censés pouvoir résoudre.

Qu'on suppose, par exemple, un banqueroutier traduit devant le jury. Il n'y a pas de délit si la banqueroute n'est pas frauduleuse.

Demandera-t-on au juré si la banqueroute est frauduleuse ?

L'article 364 répute banqueroutier frauduleux, tout marchand, négociant, etc., qui n'aura pas tenu le livre authentique que prescrit le code de commerce, ou qui, ayant une société, n'aura pas rempli les conditions que ce code lui avait imposées.

Pour répondre à la question, le juré devra donc connoître les dispositions de l'article cité, ainsi que les lois qui régissent le commerce, et par conséquent résoudre une ou plusieurs questions de droit.

Lui demandera-t-on si l'accusé a tenu le livre authentique prescrit par l'ordonnance, ou si, étant en société, il a rempli les conditions que la loi impose aux sociétaires?

Mais ce sont aussi des questions de droit, puisque le juré devra nécessairement connoître la forme légale des livres de commerce et les obligations qui naissent du contrat social.

L'interrogera-t-on enfin sur tous les faits, desquels pourroit résulter une contravention à l'ordonnance et aux lois ou usages de commerce? Mais alors dans quel labyrinthe de questions ne seroient pas jetés et les juges et les jurés! Comment sépareroient-ils, dans tous les cas, le point de *fait* du point du *droit*?

L'opinion d'après laquelle on ne doit faire aux jurés que cette seule question : *L'accusé est-il coupable ?* a pour elle de grandes autorités, et de grands exemples.

Mais outre qu'elle est inconciliable avec nos lois pénales, elle présente d'ailleurs, comme les autres modes, l'inconvénient d'établir les jurés juges du *droit*.

Je dis, en premier lieu, qu'elle est inconciliable avec nos lois pénales.

La loi ayant, en effet, prononcé une peine différente, non-seulement pour chaque délit, mais encore pour chaque circonstance aggravante du même délit, et établi, par ce moyen, deux échelles parallèles et correspondantes, l'une du délit et l'autre de la peine, il est clair que pour faire une juste application de cette dernière, il ne suffit pas de savoir que l'accusé est coupable, qu'il faut savoir, de plus, jusqu'à quel point il est coupable.

Un homme est accusé d'assassinat ; chacun sait que c'est la préméditation qui constitue l'assassinat, et que la loi le punit de mort.

On demande aux jurés *si l'accusé est coupable.*

Tous sont convaincus qu'il a commis un meurtre, que la loi punit de vingt ans de fers ; mais ils ne le sont pas, qu'il y ait eu *préméditation.*

Quelle sera leur réponse ? Déclareront-ils l'accusé coupable ? Ils ne le peuvent pas, dans le sens de l'accusation ; car il n'est pas, en effet, à leurs yeux, coupable d'assassinat.

Le déclareront-ils innocent ? Ils ne le peuvent pas davantage, car ils le croyent coupable d'un meurtre.

Quel parti prendront les juges eux-mêmes, si les jurés font une déclaration affirmative ?

Appliqueront-ils la peine de mort prononcée par la loi contre les assassins ? Mais qui leur aura dit que les jurés auront reconnu la préméditation ?

Se contenteront-ils de condamner l'accusé
à

à vingt ans de fers, qui sont la peine du meurtre volontaire? Mais comment sauront-ils que le jury n'aura pas entendu le déclarer coupable d'un assassinat?

Cette difficulté me paroît insoluble dans l'état actuel de la législation criminelle, à moins qu'on ne donne aux juges le droit de *caractériser le délit;* mais alors l'institution est attaquée dans ses fondemens; la culpabilité de l'accusé n'est plus exclusivement dans les attributions du jury; la partie la plus essentielle rentre dans le domaine des juges.

Dans ce systême, l'accusé d'un vol, par exemple, ne seroit jamais, d'après la déclaration du jury, coupable que d'un vol simple, punissable par voie de police correctionnelle; ce seroit les juges qui, en caractérisant le délit, le rendroient punissable d'une peine afflictive, et justiciable des tribunaux criminels.

En matière d'homicide, le jury pourroit bien déclarer l'accusé coupable d'un meurtre volontaire, et passible de vingt années de fers; mais jamais d'assassinat, et passible de la peine de mort.

Dans les cas les plus importans, les juges seroient donc les véritables jurés; ce seroient eux qui déclareroient l'accusé coupable, et qui détermineroient la peine dont ils sont appelés à faire seulement l'application.

Le système que je combats est donc subversif des principes de l'institution, ou inconciliable avec les lois pénales.

J'ajoute qu'il ne remédie pas à l'inconvénient de soumettre aux jurés des questions de droit.

Dans la supposition que j'ai déjà faite, d'une accusation de banqueroute frauduleuse, on fera aux jurés cette seule question :

L'accusé est-il coupable ? c'est-à-dire , a-t-il fait une banqueroute frauduleuse ?

Mais n'est-il pas évident, d'après ce que j'ai déjà dit, que, pour y répondre, les jurés devront connoître les obligations que l'ordonnance de 1673 impose aux négocians, et connoître, en même temps, la disposition de la loi pénale qui déclare banqueroutier frauduleux tout négociant qui ne les aura pas remplies ? Or, résoudre la question par le rapprochement du fait, d'abord avec la loi civile , et ensuite avec la loi criminelle, n'est-ce pas juger une question de droit ?

Je suppose encore un homme accusé de meurtre.

L'article 261 du projet porte « qu'il n'y a

» point de crime lorsque l'homicide est com-
» mandé par la nécessité actuelle d'une légi-
» time défense ».

Et l'article 262 répute *nécessité actuelle
de sa légitime défense*, celle de *repousser
l'escalade, ou l'effraction des clôtures ou
murs d'une maison.... lorsqu'elles sont
commises par deux ou plusieurs personnes
pendant la nuit.*

Le fait du meurtre est constant ; il est constant aussi que l'accusé l'a commis sur un
individu qui, *pendant la nuit, escaladoit, avec
plusieurs personnes, le mur de clôture de sa
maison.* Les jurés pourront-ils l'acquitter s'ils ne
savent, 1°. que *le meurtre n'est point un délit,
lorsqu'il est commandé par la nécessité actuelle de la légitime défense de soi-même,*
et, 2°. que la loi *répute nécessité actuelle de
sa légitime défense celle de repousser l'escalade du mur de clôture de sa maison commise
pendant la nuit et par plusieurs personnes ?*

De quelle manière donc que les questions
soient posées, soit qu'on interroge les jurés
sur toutes les circonstances principales et ac-
cessoires, soit seulement sur les principales
et caractéristiques du délit, soit enfin qu'on
ne leur fasse que cette seule question : *L'accusé est-il coupable ?* Il est évident qu'ils sont

établis juges de questions de droit. Or, est-ce là la fonction d'un juré ?

Il demeure donc établi que les lumières du simple bon sens ne suffisent pas aux jurés pour les diriger dans la carrière difficile qu'ils ont à parcourir ; qu'ils ont besoin, au contraire, de beaucoup d'instruction, d'expérience et de sagacité.

Je vais prouver maintenant que des jurés n'ont en général, ni n'auront jamais la sagacité, l'expérience et l'instruction qui leur sont nécessaires pour remplir l'objet de l'institution.

§. SECOND.

Défaut d'instruction dans les jurés.

La preuve du défaut d'instruction dans les jurés est toute faite ; la discussion à laquelle je viens de me livrer, l'exposé que je viens de faire des difficultés qu'ils ont à vaincre, des obstacles qu'ils ont à surmonter pour arriver au terme de leurs fonctions, n'a laissé, je pense, aucun doute sur l'insuffisance des lumières de la plupart de ceux qui sont appelés à les remplir.

De quels hommes, en effet, sera composé le jury d'après le projet de code criminel ? Des fonctionnaires publics autres que ceux mentionnés aux articles 900 et 901 , et de citoyens pris dans toutes les classes réunissant, d'ailleurs, les conditions requises.

Mais d'abord ne comptons pas les fontionnaires publics.

Ils peuvent être dispensés aux termes de l'article 900 , dans les procès pour crime commis contre les particuliers ; et qui doute qu'ils n'obtiennent toujours la dispense dans les cas prévus par cet article ?

Ils l'obtiendront aussi dans les procès pour les autres espèces de crime ; ou plutôt les préfets chargés de la confection des listes ne les y comprendront pas : ils penseront que les auteurs du projet ne les ont mis, cette fois, au nombre des éligibles , que pour l'honneur de l'institution, et non dans l'intention qu'ils fussent effectivement appelés , comme les autres citoyens, à remplir les fonctions de juré ; ils en auront une sorte de preuve dans la disposition de l'article 906 qui , dans les procès pour crime contre la chose publique, exige *impérieusement* leur présence dans une proportion déterminée.

Et, en effet, la loi peut-elle vouloir qu'un juge , par exemple , soit distrait de ses fonctions , et obligé de descendre tout-à-coup de son siége, pour aller passer un mois, quelquefois plus, au chef-lieu du département, laissant au tribunal dont il est membre, un vide toujours funeste à l'administration de la justice, et plus funeste encore aux plaideurs dont il étoit au moment de rapporter et juger les procès?

Peut-elle vouloir enlever aux habitans des campagnes, pendant tout le temps que peut durer une session du tribunal criminel, leur juge de paix, c'est-à-dire, leur père, leur ami, leur conseil de tous les jours, de tous les instans? L'absence de ce juge conciliateur ne seroit-elle pas, pour eux, non-seulement une véritable cessation de la justice, mais encore une privation de tout secours, de toute lumière?

Peut-elle vouloir priver une ville considérable de son chef, seul au courant de l'administration des affaires, soit publiques, soit particulières, qui exigent chaque jour sa présence, et attendent une décision que, souvent, lui seul peut donner?

Ces considérations puissantes, et d'autres qu'il est inutile d'exposer ici, déterminèrent l'Assemblée Constituante, et les législatures qui lui ont succédé, à dispenser les fonctionnaires publics des fonctions de juré.

Le projet de nouveau Code les assimile aux autres citoyens.

Mais de deux choses l'une :

Ou l'adjonction d'un certain nombre de fonctionnaires publics aux jurés est nécessaire pour garantir la justice de leurs jugemens, ou elle ne l'est pas.

Si elle est nécessaire, pourquoi ne pas l'ordonner dans tous les procès comme dans ceux pour crime contre la chose publique ? Le jugement d'un prévenu d'assassinat intéresse-t-il moins la société, ou exige-t-il moins de lumières dans les juges, que celui d'un vagabond prévenu de quelqu'acte de violence ? (1)

Si l'adjonction d'un nombre déterminé de fonctionnaires publics n'est pas nécessaire, pourquoi les distraire de leurs fonctions ?

Je crois entrevoir la cause pour laquelle ils n'ont pas été formellement dispensés.

Placés dans l'alternative de porter atteinte aux bases de l'institution, en reconnoissant la nécessité d'appeler, dans toutes les affaires, un nombre déterminé de fonctionnaires pu-

______

(1) Ce crime, prévu par le projet de Code Criminel, est compris dans le livre 1er. des crimes et délits contre la chose publique, chap. 3, art. 231.

blics, ou de fournir contre elle une arme nouvelle, en les dispensant par une disposition expresse ; les auteurs du projet ont louvoyé entre ces deux écueils ; ils ont déclaré facultative l'admission des fonctionnaires dans la liste.

Mais il n'en faut pas douter, les préfets useront de la faculté que la loi leur donne ; ils ne les y comprendront pas.

La masse des jurés sera donc composée de citoyens de toutes les classes, les fonctionnaires exceptés.

Or, de tels jurés ne peuvent que manquer, en général, d'instruction.

Reportons un moment notre attention sur les difficultés, les obstacles qu'ils auront à vaincre, et que déjà j'ai signalés.

Parmi les jurés dont je parle, y en aura-t-il beaucoup qui soient capables de concevoir les principes, les règles fondamentales, et ce qu'on peut appeler les *dogmes* de l'institution, je veux dire l'*accusation sans preuves ; la conviction abstraction faite des preuves ; et la déclaration sans égard aux lois pénales ?*

De déterminer le degré de probabilité suffisant, mais nécessaire pour motiver la mise en accusation d'un prévenu ?

De rassembler lors du débat, de combiner,
d'apprécier en un mot, les aveux, les déclarations, les présomptions, et les indices
qui sont autant d'élémens de la certitude
morale?

De résister à la logique pressante, astucieuse,
au ton imposant, à l'éloquence mensongère
d'un défenseur?

De développer devant les autres jurés, les
motifs de son opinion; de saisir ces traits
de lumière qui jaillissent quelquefois d'une
discussion sage et méthodique; de percer,
au contraire, de dissiper le nuage que répand
toujours, sur la vérité, une discussion vive
et tumultueuse?

De résoudre les questions sur le fait, la
culpabilité, les circonstances aggravantes ou
atténuantes du délit; questions mêlées le plus
souvent de fait et de droit, et dont la seule
position exige toute l'attention, toute la sagacité
des magistrats?

De répondre même avec connoissance de
cause à cette question unique, mais d'autant
plus difficile, qu'elle les embrasse toutes:
L'accusé est-il coupable?

Certes! il ne peut y avoir que des esprits
prévenus, ou enthousiastes, qui puissent croire

à la possibilité que des jurés surmontent tant de difficultés.

Il faut oser le dire : le peuple de l'Europe le plus spirituel, le plus poli, le plus aimable, est peut-être un des peuples les moins instruits. S'il n'est pas de pays où les arts et les sciences soient cultivés avec plus de succès qu'en France, par un petit nombre d'esprits privilégiés, il n'en est pas non plus où la masse des citoyens croupisse dans une plus profonde ignorance de tout ce qui a quelque rapport aux lois et à l'administration publique.

Peu curieux d'apprendre ; trop peu instruit même, pour sentir la nécessité et le prix de l'instruction, le Français, en général, ne lit point, n'observe point, ne réfléchit point ; s'il jette quelquefois les yeux sur le grand livre du monde, il va droit au chapitre de l'*intérêt* ou du *plaisir*, de l'*ambition* ou de l'*intrigue* : le titre des *lois*, *de la justice*, *de l'ordre public*, *de la morale*, *de la vertu*, *des passions*, l'effraie, il ne s'y arrête pas.

Nos ancêtres s'honoroient, dit-on, de ne rien savoir : nous n'en sommes pas restés à ce degré de barbarie : on pardonne à celui qui sait quelque chose, on lui accorde même quelqu'estime ; mais on ne rougit pas de tout ignorer.

Celui que le besoin force d'embrasser un état qui exige quelque connoissance, se presse d'acquérir ce qu'il lui en faut pour l'exercer ; mais il borne là tout son savoir.

Demandez au médecin, au cultivateur, au banquier, au négociant, même à l'homme d'esprit de société, à ce qu'on appelle un homme aimable, ce que c'est qu'un juré, en quoi consistent les fonctions de juré ; en quoi celles de juré d'accusation diffèrent de celles de juré de jugement ; et les unes et les autres de celles de juge ; ce que c'est que la conviction ; ce que c'est qu'une présomption ? Faites leur cent autres questions aussi simples sur l'objet des lois et de la procédure criminelle, la plupart ne sauront que répondre (1) ; si même ils ne disent pas, *que m'importe :* c'est qu'indifférent, en effet, sur ce qui a rapport à l'administration de la justice, et renfermés dans le cercle étroit des idées relatives à leur état, ils ne songent même pas à en acquérir d'autres.

---

(1) Il y a des exceptions honorables ; mais elles sont rares.

Qu'on remarque que le projet de Code Criminel n'apporte, quant à l'instruction des jurés, aucun changement réel aux lois existantes.

Il y aura, il est vrai, moins d'éligibles, et par conséquent le nombre des ignorans appelés sera moindre; mais celui des instruits ne sera pas plus considérable. Nous aurons toujours pour jurés les mêmes hommes; tous ceux, en effet, que le nouveau code appelle à en remplir les fonctions, y sont appelés par la loi actuelle, et par le choix des préfets; cependant, les effets de l'impunité n'ont jamais été plus sensibles, ni plus funestes; chaque jour les délits se multiplient, d'une manière effrayante; chaque jour la scélératesse recule les bornes du crime, et tel est, quelquefois, le scandale des jugemens que rendent les jurés, qu'on diroit que le temple de la justice est, pour les coupables, un asyle sacré, où le glaive de la loi ne sauroit les atteindre; c'est que les jurés éclairés sont rares; c'est que les plus capables sont loin encore d'avoir l'instruction et l'expérience nécessaires dans un juge.

Voyons si l'on peut espérer qu'ils en auront la fermeté.

§. TROISIÈME.

Défaut de fermeté dans les jurés.

On ne peut contester que la fermeté , le courage, la force d'ame ne soient les premières vertus du juré. « C'est en vain , dit le » célèbre Daguesseau (1), que le magistrat » se flatte de connoître la vérité et d'aimer » la justice, s'il n'a la fermeté de défendre » la vérité qu'il connoît , et de combattre » pour la justice qu'il aime ».

Mais est-ce un juré français qui restera ferme, imperturbable , impassible au milieu du *soulèvement de toutes les passions conjurées contre lui* (2)! Avec quelle force , au contraire, nos mœurs ne maitriseront-elles pas sa volonté, n'influeront-elles pas sur sa déclaration !

Un accusé, de quelque considération , est traduit devant le tribunal criminel ; la sur-

---

(1) Discours et œuvres mêlées , tom. 1er., 15e. mercuriale.

(2) *Ibid.*

prise, l'étonnement, une sorte d'intérêt et de bienveillance l'y accompagnent.

Dans quelle agitation, dans quel trouble doivent être ses parens et ses amis !

Je les vois devancer les jurés au chef-lieu du département, chercher à y découvrir leurs connoissances, leurs habitudes, leurs foiblesses, concerter les moyens de séduction, se distribuer les rôles, se partager les jurés eux-mêmes, pour s'en rendre la conquête plus facile.

Je les vois ces malheureux jurés arrêtés, à chaque pas, par cette nuée d'intrigans, de solliciteurs, de protecteurs, parmi lesquels j'aperçois jusqu'à des fonctionnaires publics, jusqu'à des magistrats recommandables qui, cédant à de vives instances, ou peut-être à un sentiment de bonté, de bienveillance, d'affection pour l'accusé, sont venus le défendre, le protéger, au moins par leur présence.

Or je le demande, des jurés sans expérience, étrangers les uns aux autres, plus étrangers encore à leurs fonctions, ne courront-ils aucun danger au milieu de tant de piéges tendus à leurs passions, à leur foiblesse, à leur vertu ?

Que fera ce juré timide, circonspect,

jaloux cependant de conserver avec tels protecteurs de l'accusé, ses relations de société, de plaisir, d'intérêt, d'affaires? Ne craindra-t-il pas, s'il se montre inflexible, d'aliéner l'amitié des uns, de perdre la confiance des autres, et de s'en faire autant d'ennemis?

Et ce juré de mœurs sévères, mais avide d'emplois, de places, d'autorité, n'apercevra-t-il pas dans le crédit de cet ardent solliciteur, un moyen de s'élever, s'il se prête à ses vues, ou un obstacle à son ambition, s'il les contrarie?

Cet honnête cultivateur étranger au monde qu'il connoît à peine, aux places qu'il n'ambitionna jamais, facile par bonté, confiant par caractère, résistera-t-il aux sollicitations, aux représentations de cet homme considérable dont il honore la probité, dont il estima, respecta toujours l'opinion et les lumières? N'est-il pas à craindre qu'il ne prenne pour autant de raisons légitimes d'absolutions, ces protestations officieuses que *l'accusé avoit au moment du délit la tête et les sens aliénés ; que c'est son premier crime ; que s'il succombe toute sa famille est ruinée, déshonorée, etc.*

Et en effet si, comme il n'en faut pas

douter, le cœur de ce juré, de tous les jurés est accessible à la pitié, à cette pitié cruelle (1) qui s'exerce sur un coupable au préjudice de la société entière, comment résisteront-ils à l'expression touchante du repentir de l'accusé, à la douceur de ses traits, mais sur-tout, aux larmes de sa femme et de ses enfans rangés autour de lui comme pour le défendre par leur malheur, leur innocence, leur foiblesse?

Il faut en convenir, peu de jurés sont capables de soutenir de si rudes épreuves; il faut pour cela, tout le courage, toute la fermeté, toute l'inflexibilité des juges instruits par l'expérience du danger qu'il a à se livrer, inconsidérément, à ces mouvemens naturels de sensibilité.

Eh que serait-ce si dans le nombre des jurés, il s'en rencontroit à l'égard desquels d'autres moyens de séduction pussent être utilement employés! Je n'ose m'arrêter à cette idée; que deviendrait cependant la justice? Comment sortiroit-elle victorieuse du combat que lui livreroit, dans le cœur du juré, un vil et honteux intérêt?

______

(1) C'est une très-grande cruauté envers les hommes, que la pitié envers les méchans. *Pensées de J.-J. Rousseau.*

A

A Rome, dit Montesquieu, la loi donnoit des gardes à l'accusateur, pour l'empêcher de corrompre les témoins et les juges ; elle devroit, en France, en attacher un à la personne de chaque juré, et craindre encore que ce gardien séduit, corrompu lui-même par les amis de l'accusé, ne devint, dans leurs mains, un instrument funeste de sé-duction.

On ne manquera pas d'objecter que, d'a-près l'article 921, la liste des jurés ne doit être notifiée à l'accusé que la veille du jour déterminé pour la formation du tableau ; qu'ainsi il n'aura pas le temps de les circon-venir, de les corrompre.

Mais ces vingt-quatre heures, qui doute qu'elles ne soient utilisées par l'intrigue ? Y en aura-t-il une seule de perdue ? Est-il même très-déraisonnable de croire que les amis, les protecteurs de l'accusé parviendront à con-noître la liste long-temps avant l'époque marquée par la loi ? Sera-t-il absolument impossible de se la procurer aux bureaux de la préfecture, ou au greffe du tribunal criminel ?

Je veux, au reste, que les jurés ne soient connus qu'au moment de la notification de la liste, il en pourra bien résulter que l'accusé, qui, le premier, sera mis en jugement, et qu'on aura pris parmi le *peuple des accusés*, ait moins de moyens, moins de facilité de séduire les jurés :

Mais les accusés *de distinction*, ceux qui, par leur fortune, leur état, leur famille, la nature et les circonstances de l'accusation, inspireront un vif intérêt, et qui, par cette raison, seront jugés les derniers, ne trouveront-ils pas, dans toute la durée d'une session, le temps nécessaire pour tendre leurs piéges, dresser leurs batteries, concevoir, en un mot, et exécuter leur plan de séduction ?

Ici la loi s'accuse encore une fois elle-même.

Si elle a cru qu'il y avoit du danger pour la vertu des jurés à ce que la liste fût connue de l'accusé plus de vingt-quatre heures avant sa mise en jugement, pourquoi n'a-t-elle pas ordonné qu'il seroit fait, pour chaque affaire, un tableau différent de jurés, qui ne seroit notifié, comme le premier, que la veille de l'ouverture du débat ? Une précaution jugée nécessaire à l'égard d'un accusé, peut-elle être indifférente à l'égard des autres ?

Il est impossible, me dira-t-on, de convoquer un jury pour chaque affaire, et par conséquent d'empêcher que les jurés ne soient connus par le plus grand nombre des accusés plusieurs jours avant le jugement.

J'en conviens; mais faut-il d'autre preuve du vice de la procédure , que la nécessité et l'impossibilité reconnues par la loi , de former et convoquer le jury de manière que la liste des jurés ne soit connue que vingt-quatre heures avant le jour fixé pour le jugement de chaque accusé?

Les partisans de l'institution , qui ne se dissimulent pas la foiblesse des moyens par lesquels on a cru parer au danger de la séduction , ne cessent de répéter dans leurs écrits que l'intérêt des jurés au maintien de l'ordre public, soutiendra leur courage et rendra nuls tous les efforts de l'intrigue.

Helvétius (1) et Dolbac (2) avoient dit avant eux, que la raison et l'intérêt suffisent pour conduire l'homme à la vertu.

L'expérience prouve tous les jours la vanité, la fausseté de ces belles maximes.

Le juré est intéressé , sans doute, au maintien de l'ordre public ; mais cet accord de son intérêt avec l'intérêt public, est-il si évident qu'il soit impossible de le méconnoître? Le propre de nos passions, de nos affections , n'est-il pas

----

(1) Livre de l'Esprit.
(2) Morale Universelle.

précisément de nous empêcher de voir notre intérêt là où il est, et de nous le faire trouver là où il n'est pas?

Quoique réels et très-funestes, les effets de l'impunité, par rapport à la masse de la société, ne sont sensibles qu'à l'œil attentif de l'observateur ; ils ne produiront, à coup sûr, aucun effet sur l'esprit du plus grand nombre des jurés.

Ils ne seront pas arrêtés davantage par la crainte d'être personnellement victimes de leur indulgence envers l'accusé, parce qu'en effet il y aura une infinité de probabilités que tel accusé, s'il est acquitté, profitera de la leçon terrible qu'il aura reçue, et que si, contre toute apparence, il n'en profitoit pas, la personne, ou les propriétés du juré qui l'auroit absous ne seroient pas l'objet de sa fureur ou de sa cupidité.

Jugeons de ce qui sera, par ce qui est, et non par ce qui devroit être.

Les jurés actuels n'ont-ils pas un intérêt personnel au maintien de l'ordre public ? Ne sont-ils pas propriétaires ? Et soit leurs propriétés, soit leur sûreté personnelle, ne sont-elles pas compromises par l'impunité des crimes ? Sont-ils, pour cela, plus attentifs à les réprimer ?

C'est encore s'abuser étrangement que d'espérer trouver, dans la condition relative à la quotité d'impôt que devront payer les jurés, une garantie certaine de leur zèle.

Bien qu'en effet il ne soit pas nécessaire, d'après la loi existante, de payer 100 francs de contribution pour être juré, il y en a peu, de ceux qui sont appelés à en remplir les fonctions, qui n'en payent une plus considérable, et cependant, de l'aveu des partisans de l'institution, la justice n'en est pas mieux rendue; pourquoi cela, si ce n'est parce que la passion, l'affection du moment sont ce qui agit le plus efficacement sur l'homme, sur le Français sur-tout ; qu'ainsi l'avantage, l'utilité, le plaisir, et, en un mot, l'intérêt actuel qu'un juré pourra retirer ou se promettre de sa déclaration favorable à l'accusé, agiront toujours plus puissamment sur lui que la considération foible et vague de l'intérêt qu'il pourroit avoir au maintien de l'ordre public ?

On a paru croire aussi que l'opinion publique, la crainte du blâme, seroient un frein pour les jurés.

Mais quelle prise peut avoir l'opinion sur un citoyen appelé, pour la première et dernière fois peut-être, à remplir les fonctions de juge, et qui, sa tâche remplie, rentre dans la foule qui ne s'étoit pas même aperçue de son absence ?

Comment lui prouver, d'ailleurs, qu'il a trompé la justice, qu'il s'est trompé lui-même ? Que reste-t-il du procès après le jugement ? Rien : le délit, l'accusé, les témoins, les jurés, tout a disparu sans retour : encore quelques momens, et l'impression de la plaie profonde faite à la société sera détruite, et le souvenir même du jugement sera perdu pour toujours.

Ainsi donc, nulle garantie que les jurés apporteront dans l'exercice de leurs fonctions la fermeté, l'impartialité, l'impassibilité nécessaires.

J'ai prouvé qu'ils doivent être instruits, et que des jurés français, dans quelque classe qu'on les choisisse, manquent, et manqueront en général d'instruction.

L'institution est donc, sous tous les rapports, essentiellement vicieuse.

Elle est le plus ferme appui de la liberté civile, disent ses partisans ; et l'on sent combien une plume éloquente peut donner d'heureux développemens à cette assertion.

On ne peut que louer cette sollicitude patriotique ; la liberté est sans doute le plus précieux des biens; donc il faut maintenir l'institution du jury ! Et moi je dis, au contraire; donc il faut s'empresser de l'abolir.

En quoi consiste la liberté civile ? C'est évidemment dans la sûreté individuelle; car, peut-il y avoir de liberté là où il n'y a pas de sûreté ? Or, la sûreté individuelle ne peut-elle être compromise que par l'abus du pouvoir ? Un pistolet dans la main d'un assassin n'est-il pas aussi *une puissance*, suivant l'expression d'un écrivain célèbre; et le brigand qui le porte sur ma poitrine n'est-il pas le plus féroce des tyrans ?

Soutenir donc que l'institution du jury est le rempart de la liberté civile, c'est prétendre, en d'autres termes, que les malfaiteurs seront comprimés ou punis; que, par conséquent, les jurés seront de bons juges, des juges éclairés, fermes, incorruptibles.

Mais, c'est précisément ce qui est en question; c'est ce que je conteste; et, si mes preuves sont bonnes; s'il est vrai que des jurés n'auront jamais l'instruction et la fermeté nécessaires pour bien remplir leurs fonctions; si, loin de comprimer, d'enchaîner le crime par la crainte et la certitude des peines, l'institution lui promet, lui garantit, en quelque sorte, l'impunité; n'ai-je pas eu raison d'avancer qu'au lieu de la maintenir, comme favorable à la liberté civile, il falloit s'empresser de l'abolir, comme lui étant contraire ?

On m'objectera que c'est l'indépendance des jurés qui constitue principalement la liberté des citoyens.

A cela je réponds, 1°. que des juges sont tout aussi indépendans que des jurés : n'a-t-on pas vu, même pendant le règne affreux de la terreur, l'énergie des tribunaux arrêter ou rallentir seule, les progrès de la tyrannie, offrir, suivant les circonstances, tantôt un éclatant appui, tantôt un asyle secret à ses victimes, et empêcher, par-là, la prescription du crime contre la justice et les lois ?

2°. Que, sous un gouvernement juste, l'indépendance des juges sera toujours respectée ; que sous un gouvernement tyrannique, l'institution du jury seroit une barrière impuissante qu'il lui seroit toujours facile de renverser.

3°. Que, s'il a été nécessaire d'établir des tribunaux spéciaux dans quelques départemens, et pour certaines espèces de délits, il ne faut en accuser que les vices de l'institution : n'est-il pas évident qu'en créant des tribunaux particuliers, pour juger les chauffeurs, par exemple, le gouvernement n'a eu, n'a pu avoir d'autre motif que d'arrêter ce fléau de la société par la punition prompte et éclatante des coupables, qu'il n'espéroit pas obtenir, qu'il n'auroit pas obtenu des jurés?

L'institution est donc, je le répète, plus funeste que favorable à la liberté civile, puisqu'elle nécessite le recours à une forme d'administration de la justice criminelle, exhorbitante du droit commun.

Non ce n'est point l'institution du jury qui garantit la liberté des citoyens ; c'est *l'examen préliminaire de l'accusation et de l'accusé;* c'est *la publicité de l'instruction et du débat;* c'est *la latitude et l'éclat de la défense ;* c'est enfin *l'opinion publique,* toute puissante sur l'esprit des juges, entièrement nulle sur l'esprit des jurés.

On fait encore valoir d'autres considérations.

On dit :

L'institution du jury est essentiellement protectrice de l'innocence ;

Le droit sacré de récusation est inconciliable avec l'établissement des tribunaux ;

L'habitude de voir des coupables endurcit les juges, éteint en eux tout sentiment d'humanité.

Le gouvernement est intéressé lui-même

au maintien du juré qui prend sur lui tout l'odieux de la condamnation, et ne laisse au chef de l'état que le privilége de faire grace.

Foibles moyens que je ne dois cependant pas laisser sans réponse.

1°. Il est vrai, l'institution du jury est essentiellement protectrice de l'innocence, dans ce sens qu'elle protège et sauve tout, innocens et coupables; mais peut-on compter, au nombre de ses avantages, l'aveugle et irrésistible penchant des jurés à l'indulgence, bien qu'il tourne quelquefois au profit de l'innocent ? La justice criminelle n'est-elle donc établie que pour protéger l'innocence ? Son but n'est-il pas aussi, et principalement, la recherche et la punition de coupables; et n'est-ce pas dans l'exacte recherche des coupables que l'innocent trouve lui-même sa sûreté, sa garantie ?

On cite quelques exemples de funestes erreurs commises par les tribunaux.

On pourroit citer un plus grand nombre de victimes déplorables de la passion des jurés; et il y a cette différence, à l'avantage des premiers, que c'est la fatalité des circonstances, la force apparente et irrésistible des preuves, et, comme dit Daguesseau, les règles de la justice elle-même qui les ont trompés, au lieu que l'erreur des jurés est, presque toujours, le fruit de l'ignorance, ou de la foiblesse, ou d'une injuste prévention.

2°. Le droit de récusation péremptoire et sur-tout illimité, est, je l'avoue aussi, inconciliable avec des tribunaux ; mais je ne vois pas la nécessité de consacrer un pareil droit.

Eh ! quel pourroit être le motif légitime d'admettre la récusation *sans motif ?*

Des magistrats investis de la confiance publique, honorés de celle du gouvernement, sont-ils donc indignes de celle de l'accusé ? Qu'il s'applaudisse, s'il est innocent, d'avoir pour juges l'élite des hommes éclairés et probes de son département ! La loi ne doit pas, s'il est coupable, lui fournir les moyens de se soustraire à la peine qu'il mérite.

« Si l'accusé peut choisir ses juges, dit un
» écrivain moderne, quelle quantité de cri-
» minels n'échappera pas à la peine ? Le point
» le plus essentiel à la liberté publique est le
» châtiment de ceux qui la troublent. Le crime
» mérite-t-il des priviléges exhorbitans ? Dans
» tous les crimes, l'accusé est parti d'un côté
» et le public de l'autre. S'il est permis de ré-
» cuser les juges au point que le reste paroisse
» de choix, on fait une injustice égale à celle
» qu'on feroit à l'accusé si on lui défendoit
» d'en récuser aucun. La compassion d'un

» particulier pour un accusé est un sentiment
» très-louable, mais il est bien éloigné d'être
» une vertu d'état. Le milieu juste et raison-
» nable est de permettre à l'accusé de récuser
» les juges qui peuvent être légitimement sus-
» pects, et d'avoir, sur cet objet comme sur
» tous les autres, des lois conduites par l'é-
» quité ».

Eh bien ! qu'on fasse une loi qui concilie
l'intérêt de l'accusé avec celui de la société,
avec la justice essentiellement protectrice de
tous les intérêts, et qu'on ne laisse plus
subsister le droit scandaleux de récuser les
membres les plus respectables du tribunal, sans
motif, ou plutôt par la crainte qu'inspirent
au coupable et leurs lumières et leurs vertus :
ou si l'on veut accorder quelque chose à
l'humanité, que le droit de récusation péremptoire soit tellement limité, qu'il ne puisse
pas être, dans les mains de l'accusé, un moyen
de plus de tromper la justice et de perpétuer
le désordre dans la société.

3°. Une considération plus spécieuse, et
qui n'est pas mieux fondée, est celle de l'indifférence des juges causée, dit-on, par
l'habitude de voir des coupables.

Sans doute que l'habitude de voir des coupables inspire et doit inspirer aux juges une

sainte horreur pour le crime, et doubler leur fermeté, leur courage contre les efforts de la corruption et de l'intrigue : sans doute que le spectacle toujours renaissant de la perversité humaine, doit comprimer en eux les mouvemens d'une sensibilité funeste, et les armer d'une juste et nécessaire inflexibilité.

Mais il y a loin de l'inflexibilité l'endurcissement. Les juges les plus inflexibles contre le crime, parce qu'ils sont animés d'un zèle ardent pour la justice, sont, par la même raison, les plus chauds protecteurs de l'innocence; la même énergie qu'ils mettent à la poursuite de l'un, ils l'emploient à la défense de l'autre. J'ajoute qu'on peut établir des juges *tournaires*; et par-là s'évanouit jusqu'au prétexte de la crainte que l'habitude puisse les endurcir, et fermer leur ame à tout sentiment d'humanité.

4°. C'est une grande erreur, que de supposer le gouvernement intéressé à maintenir l'institution pour demeurer, par ce moyen, étranger à l'administration de la justice criminelle. Le gouvernement ne peut séparer ses intérêts de ceux du peuple, ni demeurer étranger à l'administration de la justice, garant de l'ordre public, véritable gardien de son autorité.

Il reste un dernier retranchement aux partisans de l'institution, l'exemple des Grecs, des Romains et des Anglais.

Mais, en premier lieu, existe-t-il quelque rapport entre les tribunaux de Rome, d'Athènes et le jury français?

A Rome, tant qu'il y eut de véritables romains, et qu'on voulut avoir de bons juges, on les prît, non comme en France, dans toutes les classes de la société, mais, d'abord, dans l'ordre des sénateurs, ensuite dans celui des sénateurs et des chevaliers, enfin, et tout-à-la-fois, dans celui des sénateurs, des chevaliers et des trésoriers de l'épargne (1).

A Rome, il ne suffisoit pas que les jurés sussent lire et écrire, et payassent un modique impôt, on exigeoit d'eux, outre une grande pureté de mœurs, une fortune considérable, et une profonde connoissance des lois; tout cela devoit se rencontrer facilement dans des hommes appartenant aux premiers ordres de l'état, chez un peuple, roi des autres peuples par sa puissance, ses richesses, ses lumières, ses vertus.

A Rome, chaque délit étoit prévu et dé-

___

(1) Montesquieu, Esprit des Lois.

terminé d'une manière précise, et il n'y a pas d'exemple d'un peuple plus religieusement attaché, que les Romains, à la lettre de la loi, en matière criminelle.

Chez les Athéniens, la forme de procéder différoit encore plus essentiellement de la nôtre.

A Athènes, il n'y avoit pas de jurés, je veux dire des juges *du fait*, chaque citoyen étoit magistrat, et exerçoit la plénitude du pouvoir judiciaire.

Il ne s'agit d'ailleurs pas de savoir ce qu'ont fait les Grecs et les Romains, mais bien de savoir ce qu'il nous convient de faire.

« L'antiquité d'une loi, dit Benthan, peut » établir un préjugé, mais ne fournit pas » raison par elle-même.

Bâcon (1), on dit, dit avant lui, « que l'an-» tiquité doit être écoutée avec respect, mais » suivie avec précaution ; que les temps em-» mènent tant de changemens et de différences, » que ce qui paroît ancien pourroit être une » nouveauté et une singularité intolérable, » par une espèce de non-conformité avec » l'état présent ».

---

(1) Aphor. sur les lois.

Et, en effet, qu'ont de commun avec nous les Grecs et les Romains ? Leurs mœurs avec nos mœurs, le temps où ils ont vécu avec celui où nous vivons ; sous quel rapport pouvons-nous leur être comparés ? Avons-nous, comme eux, le goût des discussions politiques et judiciaires ? Où est ce *forum*, ce portique où les Romains et les Athéniens alloient chaque jour s'entretenir des affaires publiques et particulières ? Où est cette tribune aux harangues, où les généraux d'armée alloient plaider, en orateurs, la cause des accusés, et d'où les orateurs alloient commander les armées ?

Chez les Romains, comme chez les Grecs, la connoissance et le respect des lois faisoit partie essentielle de l'éducation nationale (1) ; il n'étoit pas plus permis de les ignorer que de les violer.

(1) La loi des Douze Tables étoit la première chose qu'on mettoit dans la bouche des enfans, ainsi que le prouvent ces expressions de Cicéron : *Discebamus pueri duodecim ut carmen necessarium... De orat*, liv. 1. *à parvis, quinte, didiscimus ;* si in jus vocat. (Ces mots sont les premiers de la loi des Douze Tables). *Atque ejus modi alias leges nominare. De leg.* liv. 2.

L'esprit

L'esprit public, la religion, les mœurs, tout concouroit au succès de leurs institutions.

Qu'on juge des mœurs des Romains par la loi qui défendoit aux magistrats le moindre acte de violence envers les citoyens, et n'infligeoit d'autre peine, à ceux qui y contrevenoient, que celle d'*être réputés méchans!*

Quel rapport, je le repète, avons-nous avec de tels peuples ?

Qui s'applique, en France, si ce n'est par état, à l'étude des lois ?

Qui leur obéit, comme les Romains, par amour pour elles, et par ce sentiment profond qu'ils avoient de leur nécessité, de leur sainteté ?

L'intérêt personnel, voilà la mesure de celui que nous mettons à les connoître, et du respect que nous leur portons.

Parlerai-je de notre esprit public, comparé à celui des Romains et des Grecs ? Un seul rapprochement en fera sentir l'énorme différence.

A Rome, non plus qu'à Athènes, il n'y avoit pas de ministère public, chaque citoyen exerçoit le droit d'accusation, et avec un tel zèle, que souvent plusieurs accusateurs se disputoient l'honneur de venger les lois outragées.

8

Je ne demande pas si parmi nous il se trouveroit beaucoup d'hommes capables d'un tel acte de courage , qui , dans nos mœurs , seroit réputé un acte de lâcheté ; mais les fonctionnaires publics eux-mêmes , ceux que la loi charge spécialement de la poursuite des délits , remplissent - ils cette fonction importante avec la même énergie que le citoyen de Rome et d'Athènes? Leur suffit-il de savoir qu'un délit a été commis pour en rechercher les auteurs et les complices ? N'attendent-ils pas , avec patience , la dénonciation officielle de la partie lézée? Et si le prévenu jouit personnellement , ou tient à une famille qui jouisse de quelque considération , n'ont-ils pas presqu'autant de crainte d'être obligés de le poursuivre , qu'il peut en avoir lui-même d'être poursuivi ?

Parlerai-je de la religion du serment , qui seule auroit garanti à Rome le succès de l'institution du jury (1).

Existe - t - il parmi nous une religion du serment ? L'avocat qui jure de n'employer que

---

(1) Le serment eut tant de force chez les Romains , que rien ne l'attacha plus aux lois ; il fit bien des fois , pour les observer , ce qu'il n'auroit pas fait pour la gloire et pour la patrie. MONTESQ.

la vérité dans la défense de l'accusé ; le juré
qui promet de faire sa déclaration suivant sa
conviction intime , font-ils autre chose que
remplir une vaine formalité ?

Si on considère enfin que les tribunaux et
les lois de Rome avoient pour auxiliaires un
censeur sévère des mœurs de chaque citoyen,
et des tribunaux domestiques devant lesquels
les femmes , les enfans et les esclaves étoient
traduits , et sévèrement punis ; qu'à Athènes
il y avoit un aréopage qui arrêtoit l'exécution
des injustes jugemens du peuple , et l'obligeoit
à réformer lui-même ses erreurs (1); on sentira
combien peu l'exemple de ces peuples autorise
l'institution du jury , en France.

Celui des Anglais ne doit pas être d'un plus
grand poids.

En Angleterre , l'établissement des jurés
remonte à des temps où la simplicité , la
franchise et la bonne foi tenoient lieu d'instruction et de lumières ; le temps le consacra ,
l'habitude le leur a rendu respectable , et
leur en fait méconnoître ou supporter les
vices ; il faut même en convenir , il y a une
sorte de sagesse dans ce peuple à conserver ,

______

(1) Esprit des Lois , liv. 6 , ch. 5.

malgré ses imperfections, une institution née
et vieillie avec lui.

D'un autre côté, le caractère politique des
Anglais n'a pas peu contribué à les y attacher.
Enthousiastes de la liberté dont ils croyent
jouir, et qu'ils font consister dans leur indépendance personnelle de toute autorité, les
Anglais ne veulent pas de tribunaux, par la
même raison qu'ils ne veulent pas de force
armée pour le maintien du bon ordre et
la sûreté intérieure; ils aiment mieux être
volés et assassinés que protégés par une force
publique, dont ils auroient à craindre que
l'autorité ne finit par abuser, et dont la seule
présence blesseroit leurs yeux (1).

Aucune de ces considérations ne milite
pour l'établissement du jury en France.

Accoutumés à l'administration de la justice

____

(1) Il n'y a, en Angleterre, aucune force armée
protectrice de la sûreté individuelle, tel que la gendarmerie en France. La police y est faite par des
commissaires de quartier, et si bien, que le vol,
quoique puni de mort par les lois, y est, dans le
fait, un moyen de faire promptement sa fortune;
qui ne sait qu'un Anglais ne sort jamais, la nuit, de
Londres, sans prendre ce qu'il appelle la bourse du
voleur, avec laquelle il rachète sa vie?

criminelle par des tribunaux, le Français a, pour les fonctions de juré, une répugnance et une inaptitude, qui, seules, répondent à tous les raisonnemens de ses partisans.

Le jury n'est point, en France, comme en Angleterre, une institution antique que la sagesse commande de conserver, c'est une institution nouvelle, dont dix ans d'expérience ont prouvé les vices et sollicitent la prompte abolition.

Disons, enfin, qu'il existe une telle opposition entre nos mœurs, nos habitudes, notre éducation, et l'éducation, les habitudes, les mœurs anglaises, que de cela seul, que la procédure par jurés auroit obtenu chez eux quelque succès, il faudroit en conclure qu'elle ne sauroit nous convenir.

Il est remarquable, au reste, qu'aucun peuple de l'Europe, excepté nous, n'a encore imité, sur ce point, les Anglais, et qu'il n'est pas raisonnable de penser que les Anglais ayent seuls mieux vu que tous les peuples de l'Europe.

Ainsi donc s'écroule avec l'institution, l'échafaudage des moyens secondaires, des considérations morales et politiques, et des exemples dont, à défaut de moyens et de raisons solides, ses partisans s'efforcent de la soutenir. Ainsi passeront toutes celles qui seront, comme elle, le produit de conceptions métaphysiques, d'idées de perfectionnement, louables sans doute, mais purement théoriques et presque toujours hors du cercle des possibilités morales.

~~~~~~~~

RÉSOMPTION.

1º. La loi qui établira la procédure par jurés ne recevra pas son exécution dans ses dispositions les plus importantes, celles relatives à la réunion du jury ; elle éprouvera, à cet égard, les plus grands obstacles dans le défaut de zèle des citoyens, et leur extrême répugnance pour les fonctions de juré.

Les moyens d'encouragement indiqués dans le projet de Code Criminel sont aussi nuls, que ses dispositions pénales sont impuissantes. Le mal est incurable, il est dans les mœurs nationales ; il est aussi dans le remède même, dans l'excessive sévérité de la loi.

2º. Les élémens du jury sont, en général, foibles, et le vice tient au principe de *l'éligibilité en masse*, base fondamentale de l'institution.

Le choix des préfets, la responsabilité des préfets ; dispositions vaines. Les préfets ne peuvent ni répondre de la bonté des choix, ni les faire, ils manquent des connoissances locales indispensables, et seront obligés de s'en rapporter aux autorités secondaires.
~~~~~~~~

3º. La récusation péremptoire admise, comme moyen d'épurer les listes , produira un effet opposé, et souvent funeste à l'accusé lui-même. Les jurés la redouteront, et ne se rendront pas; ou la solliciteront comme une faveur et l'obtiendront, trop souvent peut-être , de la condescendance du procureur général, de la considération même qu'il aura pour eux.

4º. Un juge criminel doit être instruit, il doit avoir aussi et par-dessus tout , de la fermeté, du courage, et rien n'égale la foiblesse de la plupart des jurés , si ce n'est , peut-être, leur ignorance qui est encore plus grande. La facilité, la flexibilité , la douceur des mœurs françaises sont exclusives du degré de force et d'énergie nécessaire pour rendre la justice: il n'y a que le sentiment profond de ses devoirs et l'expérience du danger de la pitié dans un magistrat qui puisse le soutenir à la hauteur de ses fonctions.

Qu'on remarque que les jurés ne sont retenus par aucun frein.

La crainte du blâme, si puissante sur l'esprit du juge, est nulle pour le juré qui , sa tâche remplie , rentre et se perd dans la foule.

L'intérêt qu'il peut avoir au maintien de

l'ordre public, intérêt sur lequel les partisans de l'institution fondent tant de raisonnemens et d'espérances, n'est rien auprès de l'intérêt, de l'affection, de la passion *du moment*.

5°. On parle de la liberté civile, qu'on fait consister dans l'indépendance des jurés.

La liberté civile est dans la sûreté individuelle, par conséquent, dans la certitude que les coupables seront punis, et non dans une institution qui favorise l'impunité des crimes.

L'indépendance des jurés est moins réelle que celle des juges.

Les ignorans, les hommes foibles sont à la merci de tout le monde, à la merci d'eux-mêmes, de leur foiblesse qu'ils ne peuvent vaincre, alors même qu'ils en ont le sentiment; de leur ignorance qui trompe, qui trahit jusqu'à leurs bonnes intentions.

Des tribunaux bien organisés et indépendans, d'une part; de l'autre, la publicité de l'instruction et la défense de l'accusé; voilà les véritables, les seuls garans de la liberté civile.

Encore une observation.

Tous les partisans de l'institution reconnoissent en elle des parties foibles, même essentiellement vicieuses.

Les uns suppriment le jury d'accusation, et veulent qu'après l'instruction préliminaire qui seroit faite par un magistrat de sûreté, l'accusé soit traduit devant le tribunal criminel ;

D'autres, que le tribunal civil remplisse les fonctions de premier jury ;

Ceux-ci pensent que le défenseur ne doit être entendu qu'avant le débat ;

Ceux-là, que la défense est inconciliable avec l'institution, et funeste à l'accusé lui-même.

Même diversité d'opinion sur la position des questions, et le nombre de voix nécessaire pour condamner.

Multiplicité de questions ; unité de questions ; simple majorité ; grande majorité ; unanimité des votes ; il n'est pas un mode possible qui n'ait ses défenseurs et ses adversaires ; et il est remarquable que ce que l'un appelle vice d'organisation, l'autre le nomme vice de l'institution même ; que ce que celui-ci considère comme en étant inséparable, l'autre le regarde comme pouvant et devant en être séparé ; en sorte qu'il faudroit, suivant les uns, la réformer précisément sur les points inattaquables, suivant les autres.

Je dis plus ; il n'est pas une seule partie

essentielle de la procédure par jurés qui n'ait ses improbateurs, même parmi ses plus chauds partisans : qu'on en retranche ce que chacun d'eux y trouve de défectuosités ou de vices, et il ne restera plus que le nom de l'institution.

Faudroit-il d'autres preuves de l'urgente nécessité de la supprimer ?

DE L'IMPRIMERIE DE LEFEBVRE, RUE DE LILLE, n⁰. 688.

www.ingramcontent.com/pod-product-compliance
Lightning Source LLC
LaVergne TN
LVHW021843170726
843503LV00003B/1041